その英語、ネイティブは笑ってます

デイビッド・セイン

岡　悦子

青春新書
INTELLIGENCE

## はじめに

「正しいつもりで言ったら、笑われた」
「教科書に載ってたフレーズを言ったら、ヘンな顔をされた」
「映画で見たセリフを使ってみたら、一瞬ネイティブの表情が凍った…！」
——私たちの英会話スクールに、こういう声がたくさん寄せられています。

2010年2月に出版した『その英語、ネイティブはカチンときます』が、おかげさまで大変なご好評をいただいております。「自分が受験勉強で覚えた英語、本当に通じるの？　使えるの？」と心配している人がいかに多いのか、痛感しました。
そこで今回は、「日本人のやりがち」な英語で、「ネイティブが誤解する」、「イラッとする」、それから「思わずプッと吹き出したくなる」ようなフレーズを集め、クイズ形式で読んでいただくことにしました。

クイズ形式にしたのは、そんな状況だったらなんと言うか、「一度自分の頭でじっくり考えてみる」というプロセスを踏むことで、自分の頭に浮かんだ英語が実際のところ、ネイティブに「通じる」ものか、それとも「通じない」ものなのかを確かめてみて欲しいからです。

本書の特徴としては「やりがちな英語」がネイティブにどう受け取られるのかについて、できるだけ詳しく解説しているという点も挙げられます。たとえば「君はどう思う？」と聞きたいとき、英語では、

*How do you think?* ではなく、**What do you think?** と言います。この情報自体は辞書や参考書にも載っているかもしれません。

けれど、そこで終えてはダメなのです。

*How do you think?* だったら、いったいどういう意味になるのか、ということまで理解して（P44参照）、

**「なるほど、ネイティブってそういう感覚で英語を使ってるんだ！」と納得できてこそ、それが「英語の壁」を破るきっかけとなるからです。**つまり「丸覚え」ではなく、「こういうことか！」と感じていく積み重ねが英語上達のコツということです。

日本人の「やりがちな英語」には、いくつかのパターンがあります。本書ではそれを大きく５つに分類し、それぞれを章にまとめて紹介しています。

### 1章

日本語をそのまま英語に訳してヘンな英語になってしまうケース。たとえば「ワクワクするよ！」と言いたくて、

*I'm so exciting.* と言うと、とんでもない意味に！（P14参照）

### 2章

学校で習った文法や語法に従い、長い文章になってしまうケース。会話では短くキリッとした言い方のほうが「効く」ことが多いもの。たとえば、

*If you don't do it now, you will never do it.* を、ネイティブだったらどんなふうに短くするのでしょう？（P71参照）

ネイティブ流のコツをご紹介します。

3章

　動詞や主語を「日本人的感覚」で使ってしまい、固くなったり冗長になったりするケース。

　たとえば「暑い日は、冷たいビールがいちばん！」と言いたいとき。

**Nothing ＿＿ a clod beer on a hot day.**

　ネイティブは、ここでどんな動詞を使うのでしょう？（P96参照）頭を切り換えて「なるほど感」を実感してみましょう。

4章

　「ふつうの英語」では今ひとつ気持ちが伝わらないけれど、ひと工夫すれば上品で気遣いのある英語になるケース。

　たとえば「ぼく、テニスが結構うまいんだ」と威張らずに言いたいとき。

**＿＿, I'm really good at tennis.**

　ネイティブはここにどんな言葉を使うのでしょう？（P123参照）

5章

　きちんとしすぎた文章で、場にそぐわないケース。そんなときには「決まり文句」で解決できることが多いのです。

　たとえばネイティブはあいさつのときによく、

**Can't complain.**

と言いますが、どんな意味なのでしょう？（P153参照）
どんなときにどんなフレーズを使うのか要チェックです。

　さらに6章では、誰でも知っているポピュラーな単語を別の意味で使うという、語彙力アップの裏ワザを紹介しています。

たとえば **table** には「テーブル」以外にも、よく使う別の意味があるのですが、はたしてそれは…？（P178 参照）

　前回の本でも申し上げましたとおり、本書では「こう誤解される」「笑われる」と言って脅しているわけではないことをご承知置きください。英語の上達には、とにかく積極的に話すことが大切なのですから。
　本書を読み終えたみなさんが、「ネイティブ流の英語のコツ」を体得し、実際の英語のコミュニケーションに役立てていただけますよう、願っております。

デイビッド・セイン

岡　悦子

◎本書で使っている記号などについて

笑われる!　　DANGER!　　誤解される!　　かしこまりすぎ!

日本人の「やりがちな英語」の代表例。「間違い英語」の場合もありますが、必ずしも間違っているとは限らないものも含んでいます。いずれにしろネイティブにとって少し不自然で、場の状況にそぐわない表現です。くわしくは解説をお読み下さい。

その状況でネイティブが使うと思われるフレーズの代表例。他の表現を使うこともあります。他の表現もできるだけ解説やコラムに載せています。
また「訳」については、小見出しと同じ表現の場合、省略しています。

『その英語、ネイティブは笑ってます』contents

**2章** その英語長すぎます！
シンプルでうまい表現集

## 3章　ネイティブに一目置かれる ワザあり！の「動詞と主語」

**4章** | **ひと工夫でグッと上品に！使い勝手バツグンのフレーズ**

## 5章　たった2単語でバッチリ伝わる！「決まり文句」

**6章　その単語、もっと便利に話せます**

# 1章

・・・・・・・・・・・・・・・・・・・・・・・・・・・・・・・・・

# 穴があったら入りたい！
# 「そのまま英訳」のチェックポイント

・・・・・・・・・・・・・・・・・・・・・・・・・・・・・・・・・

日本語をそのまま英語に訳してしまい、ヘンな英語になって
赤っ恥をかくことって多いもの。
まずは「日本語を訳すクセ」を直すエクササイズからスタート！

# Q01

## ワクワクするよ

これから野球の優勝決定戦。「ワクワクするよ」はどっち？

① I'm so exciting.
② I'm so excited.

**笑われる!** *I'm so exciting.*

**こう伝わる!** 私って、すごーく人をワクワクさせる人間なのよ。

日本語の「〜している」という言葉につられて *I'm so exciting.* と言ってしまうと、「私、人をワクワクさせる人よ」という意味になってしまうので要注意！

そもそも **exciting** は「人」にはあまり使わない。

**That was an exciting game.**（ワクワクするゲームだったよ！）のような使い方ならナチュラルだ。

## **ネイティブはこう言う** I'm so excited.

**excite** は「人を興奮させる」という意味の動詞。そのため自分がワクワクしている場合は、I'm so excited.（興奮させられている）となるわけだ。

### 「退屈してた」も間違えないように！

「退屈してたよ」と言いたくて、
*I was boring.*

とうっかり言ってしまうことって、ないだろうか?

日本語の「している」につられて、つい〜 ing の形にしてしまう間違いだ。

ちょっとここで形容詞についてまとめておこう。

動詞からはしばしば形容詞が2種類派生する。

### ①動詞の過去分詞形のもの(〜 ed 形)
### ②現在分詞形のもの(〜 ing)

動詞 bore(退屈させる)のケースを見てみると、形容詞には、bored と boring がある。

be bored の形は受動態と同じ形になることからも想像できるように、「(人がなにかに)退屈させられている」⇒「(人が)退屈している」という意味になる。

そして boring の方は、現在分詞であるため、bore の「退屈させる」という意味そのままの、「(人を)退屈させる」という意味になる。そのため

*I was boring.* と言うと、「私は人を退屈させていた」という意味になってしまうのだ!

ちなみに boring はふつう、a boring time(退屈な時間)とか、a boring meeting(退屈な会議)というように、名詞を修飾する形で用いる。

ともかく「退屈していた」は

**I was bored.** だ。

**I was bored to death.**(死ぬほど退屈だった)

のようなアレンジもできる。

coffee break 1

# MLB を英語で楽しもう！

日本人メジャーリーガーは毎年どんどん増えていますね。日本
でもメジャーリーグ観戦を楽しんでいる人、多いのでは？

ではメジャーリーグをより楽しむために、日本の「野球」と用
語や表示のしかたが違う点を少しまとめておきましょう。

まずはボールのカウント法。日本では、「2ストライク、1ボ
ール」のようにストライクを先に言いますが、アメリカでは、

**One ball, two strikes.** あるいは

**One'n two.**（'n は and の略）のように順序が逆になります。
電光掲示板やテレビ画面の表示も当然逆。最近は日本でも、ボ
ールを先に示しているケースもあるようですが。

次に安打数を表すとき、日本語では「3打数2安打」、あるい
はこれを縮めて「3の2」というふうに言いますが、これも英
語では、

**Two for three.** と言います。

用語としては、フォアボール（四球）は、英語では **walk** あ
るいは、**base on balls** と言います。ランニングホームラン
は **inside the park home run**、セーフティバントは **drag
bunt**。

またアメリカでは距離を表す単位は **mile**。そのため、ピッチ
ャーの投げた球の速度の単位も、日本では「時速140キロ」な
どと表示されるのに対し、アメリカでは「時速○○マイル」と
表示されます。英語では **miles per hour** となり、略は **mph**。
たとえば **mph 90** とは **90 miles per hour** のこと。時速
（キロ）にすると、145キロくらいということになります。

# Q 02

## なにか案ある？

「なにか案ある？」はどっち？

① Do you have any idea?
② Do you have any ideas?

**DANGER!** *Do you have any idea?*

**こう伝わる！** 君なんかに、わかるの？

**idea** は単数形で使うと「認識、理解」という意味になることが多い。**I have no idea.** は「さっぱり見当もつかない」ということ。たとえば年齢不詳気味の人を見て、

**I have no idea how old she is.**（彼女の年はさっぱりわからない）というふうに使う。

そして、*Do you have any idea?* は「自分の今の大変な状況、君なんかには想像もつかないだろうね」という、ちょっと相手を見下げたような言い方になってしまうのだ。

**ネイティブはこう言う** **Do you have any ideas?**

同じ idea でも複数形 **ideas** にすると「案、アイディア」という意味に。**What a wonderful idea!** のように、「ひとつ」と明白なときは単数形でもいいが、一般にはこの意味の場合、複数形。ここでの **any** は「なんでもいいからなにか」ということ。 **Is there anything to do here?**（ここで何かやることあるの？）のような場合の anything は、「ない」ことを前提にという意味だが、その any とはニュアンスが違う点にも注意。

17

# Q03

## ワリカンにしよう

「ワリカンにしようよ」と言いたいとき、
*Why don't we pay half?* ではどんな意味になる？

### 笑われる！ *Why don't we pay half?*

**こう伝わる！** 半分だけ払っとこう。

*Why don't we pay half?* だと、店でかかった食事代の半分だけ
を支払おうということに！「あとの半分は食い逃げしよう」と
言っているのと同じ。

### ネイティブはこう言う **Why don't we split it?**

「ワリカン」は **split the bill**（勘定を半分に割る）と言う。
状況が明白な場合、bill を it にするとよりカジュアルに。ち
なみに **Why don't we...?** は Let's ... と同じ意味。
it をつけ忘れて *Why don't we split?* と言うと、「もう帰ろう
か？」あるいは「もうぼくたち別れよう」（この関係は終わり
にしよう）という意味になるので注意！

# Q04

## 気分が悪い

「気分が悪い」と言いたいとき、*I feel bad.* ではどんな意味
になる？

**笑われる!** *I feel bad.*
**こう伝わる!** 後悔してるんだ。

*I feel bad.* では「(そのことについては) 悪いと思っている」、
つまり「後悔してる」という意味になってしまうのだ。

**ネイティブは こう言う** # I don't feel very well.

### ちょっと気分が悪いんだけど。

*I feel sick.* でもいいが、これでは「ムカムカする、吐きそう」
というイメージが強い。そうではなく、「ちょっと気分が悪い」
と言いたいときは **I don't feel very well.** のように「あま
り気分がよくない」というフレーズを使うとうまく伝わる。

# Q05

# 道に迷ったの？

「道に迷ったの？」はどっち？

① Did you lose your way?
② Did you get lost?

**笑われる!** *Did you lose your way?*
**こう伝わる!** 人生に迷ったの？

lose one's way を「道に迷う」と覚えた人が多いと思うが、
way には「人生の道」という意味もあるため、状況が明白で
ないときに、単に *Did you lose your way?* と言うと、「人生に

迷ったの？」という意味に受け取られることも。

## ネイティブはこう言う Did you get lost?

「道に迷ったの？」は Did you get lost?　と言えば誤解なく伝わる。

ちなみに強い口調で、語尾を下がり調子にして、
*Get lost!* というと「うるさい」「くたばれ」「どっかに行ってしまえ！」という意味になるので注意！

# Q06
# それは大変だね

友達に同情して「それは大変だね」と言いたいとき、
*You're really sorry.*　と言うと、どんな意味になる？

## DANGER! *You're really sorry.*
### こう伝わる！ 君って、本当に哀れだねぇ。

*You're sorry.* では「あなたって哀れね」という失礼な言い方に！　*really* をつけるとますます失礼になってしまう。

## ネイティブはこう言う That's too bad.
### それは本当に大変だね。

落ち込んでいる相手に同情を示したいときは、**That's too bad.** というフレーズを使おう。**sorry** を使うときは主語を **I** にして、**I'm sorry to hear that.** とすればOK。

## sorry のネイティブ使い① I'm sorry. と言われたら

誰かに **I'm sorry.**（悪かった）と言われたとき、「私も（悪かった）」と言いたくて

*Me, too.* と返してはいけません！

これでは「私も君がそれをやったことをすごく残念に思うよ」という相手を責める言葉になってしまうから。そんなときは、

**No, I'm sorry.** いえ、私こそ悪かったわ。

**No, it's my fault.** いえ、私のせいよ。

**That's what I should say.** それはこちらのセリフだって！

のように返しましょう。

## sorry のネイティブ使い②「ひどい」

sorry は「ひどい」という意味でも使える。こんな感じ。

**You're a sorry liar.** 君はひどいウソつきだ！

**He's a sorry human being.** 彼って最低の人間。

**She's a sorry driver.** 彼女はひどいドライバーだなぁ。

また、**a sorry excuse for** はもともと「…に対する苦しい弁解」という意味だが、これも「ひどい」という意味で使える。

**That's a sorry excuse for a restaurant.**
あのレストランは最低だよ。

**He's a sorry excuse for a carpenter.**
彼の日曜大工ときたら、もう…。

# Q07

## なにか飲むものない?

外から帰ってきてのどがカラカラ。「なにか飲むものない?」
と聞きたいとき、*Don't you have anything to drink?*
と言うと、どんな意味になる?

**DANGER!** *Don't you have anything to drink?*

**こう伝わる!** ちょっとぉ、飲み物なんにもないの!?信じら
れない!

ポイントはふたつ。ひとつめは *anything*。これでは P33 での
*anyone* の説明同様、「ない」ことを前提とした尋ね方に。
ふたつめは、*Don't you have …?* というフレーズ。日本語では「…
ないかな?」と否定形にすると、相手に遠慮した感じを出すこ
とになるが、英語で *Don't you have …?* と言うと、「…はない
の? あるでしょ?」と相手を責めるような言い方になってし
まうのだ。

**ネイティブは こう言う** ## Do you have something to drink?

上記ふたつのポイントを踏まえ、anything を **something** に、
Don't you have …? を **Do you have …?** に変えて、
Do you have something to drink? とストレートに聞くのが
ベスト。

今日はなにかやったの?

「今日はなにかやったの？」と言いたいときも、
*Did you do anything today?* では、「今日はなんっにもやって
ないんでしょ、どうせ」となる。

> **Did you do something today?**
> **今日はなにかやったの？**

とすればOK。さらに **interesting** をつけて、

> **Did you do something interesting today?**
> **今日はなにかおもしろいことやった？**

としたり、**fun** をつけて、

> **Did you do something fun today?**
> **今日はなにか楽しいことやった？**

のようにすると、ポジティブな気持ちが伝わる。

## fun と funny に気をつけて！

日本人が時々勘違いしている言葉に **fun** と **funny** がある。
fun の形容詞が funny だと思っている人が案外多いのだ。け
れどこれは誤解。**fun**（楽しみ）は名詞で、一般的には辞書
にも「名詞」としてしか載っていない。けれど実質的に形容詞
的に使われることが多いのだ。

**Did you do something fun today?**

もその例。これを、*Did you do something funny today?*
とすると、「なにかこっけいなことやった？」という意味にな
るので注意！ funny は「おもしろい」ではなく「こっけいな」
という意味。fun とはちょっと違うのだ。

# Q08

## これをください

ショッピングで店員に「これをください」というとき、
*I want to buy this.* と言ったらどんな意味になる？

**笑われる!** *I want to buy this.*

**こう伝わる!** これを買いたいよ～。

*I want to buy this.* では子供が親に向かって「これ、欲しい～」
と言っているような感じ。

## ネイティブはこう言う I'll take this.

店員に「これを買いたいのですが」と言いたいときは **I'll
take this.** というフレーズを。お金を払うのに、**take**（持っ
て行く）と言って誤解されないだろうか、という心配は無用。
他にもこんな言い方ができる。

**I'll have this.**
**これをいただきます。**

どちらかと言えば丁寧な感じ。

**I'll have these.**
**これをいただきます。**

複数のものを買うときはこう言おう。

**I'll get this.**
**これ買います。**

ちょっとだけカジュアルな感じ。

## Q09
# どちらでもかまわないよ

「どっちがいいかな？」と尋ねられ「どちらでもかまわないよ」
と返したいときはどっち？

① It doesn't matter.
② I don't care.

**DANGER!** *I don't care.*

**こう伝わる！** どうだっていいよ。

*I don't care.* はイントネーション次第でかなり印象が変わるフ
レーズ。明るく言わないと、「どうでもいい」という感じにな
るので注意。

 # It doesn't matter.
### どちらでもかまわないよ。

It doesn't matter. ならなげやりな感じはせず、「どちらでも問
題なし！」という明るい印象を与える。後に **Either is
okay.**（どっちでもOK）とひと言加えると、よりポジティ
ブな気持ち気持ちが伝わる。

### I don't matter. に要注意！

ちなみに、*I don't matter.* と言うと、「私って価値のない人間

なの」という意味になるので注意！*matter* を動詞で使うとき
は、主語は *It* と覚えておこう。

# Q10

## ふつう～です

「ふつう、アメリカ人は海草類を食べないんだよ」と言いたい
とき、____ に入れるのはどっち？

____ Americans don't eat seaweed.

① Most
② Common

**誤解される！** *Common Americans don't eat
seaweed.*

**こう伝わる！** レベルの低いアメリカ人は海草類を食べない。

「common ＝ 一般的な、共通の」と覚えた人も多いだろう。と
ころが **common** には「並みの、ふつうの」あるいは「並以
下の、下等な」という意味もあるので要注意！*Common
Americans* と言うと「低レベルなアメリカ人は」と受け取られ
てしまう可能性があるのだ。

**ネイティブは こう言う** **Most Americans don't eat
seaweed.**

**ほとんどのアメリカ人は海藻類を食べないんだ。**

「ふつうの」ということは「たいていの、ほとんどの」という

ことなので、**most** を使えば誤解なく伝わる。

## common はこう使う

「低レベルな、品のない、並の」という意味の **common** はこんな感じで使う。

**He's a common liar.**　彼は下品なウソつきだ！
**She's a common cook.**　彼女、料理の腕はフツーかな…。
**He's a common criminal.**　彼は粗野な犯罪者だ。

もちろん「ふつうの」という意味で使うこともある。たとえば、偉ぶっているというウワサの人に実際会ってみると、そうでもなかった、というような状況で、
**He's a common person.** と言うと、「案外、偉そうじゃないね、ふつうじゃん」という意味になる。

# Q 11
# 彼は頭痛のタネだ

「彼は頭痛のタネだ」と軽くこぼしたいとき、
*He's the cause of my headache.*　ではどんな印象に？

**誤解される！** *He's the cause of my headache.*
**こう伝わる！** 彼が私の頭痛の原因なのです。

これでも意味は通じるが、なんとかしてくれるよう、真剣な感じで誰かに訴えているような言い方になる。というのも、

*headache* は身体的な「頭痛」の他、「頭痛のタネ」つまり「困り者」のことにも使えるため、cause of my は不要だからだ。

## ネイティブは<br>こう言う He's a headache.

**headache** だけで「頭痛のタネ」という意味になるため、「彼は頭痛のタネだ」は He's a headache.（He's は He is の省略形）と言えばOK。また、

**He gives me headaches.** は、「彼は手のかかる人」「面倒な人」という意味。He's a headache. と比べ、「自分にとって」という意味合いが少し大きくなる。他にも、

**I know I'm a headache.**（あなたに迷惑をかけているのはわかっています、すみません）というフレーズもよく使うのでぜひ覚えておこう。ちなみに、*He has a headache.* と言うと、「彼は頭痛持ちだ」という意味になる。

### 人以外にも使える headache

**headache** は「人」以外にも使える。たとえばこんな感じ。

This computer is a headache.
**このコンピュータにはほとほと、まいるよ。**
すぐ壊れるコンピュータに対して。

This report is a headache.
**このレポートは頭痛のタネだ。**
やっかいなレポートを書きながら。

**Doing taxes is a headache.**
**税の申告手続きには頭を悩ませられるよ。**

do taxes で「税金の申告手続きをする」という意味になる。

# Q12

## クレームする！

買った机にキズが！「この机についてクレームがあるのですが」と言いたいとき、*I want to claim this desk.* と言うと？

**笑われる！** *I want to claim this desk.*
**こう伝わる！** これは俺の机だ！

日本では「苦情を言う」という意味で「クレームをつける」というが、英語の *claim* を動詞として使うと「主張する、要求する」という意味に。そのため、*I want to claim this desk.* と言うと「この机が私の机だと主張します！」ということに。

**ネイティブはこう言う**

# I want to complain about this desk.

**この机についてクレームがあるのですが。**

状況にもよるが、この場合の「苦情を言う」は complain でOK。後に about を付けることも忘れずに。

### Sorry for bitching. ってどんな意味？

complain は「不平を言う」という意味の一般的な言葉。こ

れをスラングでは **bitch** と言う。bitch は「メス犬」という意味で、相手をなじるときに使う「悪い言葉」だが、「グチる」という意味で使えばそう「悪い言葉」にはならない。特に自分のことについて、

**Sorry for bitching.**（グチってごめん）と使えば、カジュアルな「ごめん」のひとことに。

# Q13
# 会社、辞めることにする

友人に「会社、辞めることにする」と言いたいとき、____ にどっちを入れる？
**I'm going to quit my ____.**

① company
② job

**誤解される！** *I'm going to quit my company.*

これでは「ぼくの会社、閉めることにするよ」という意味に。「会社を閉める」は *close one's company* というフレーズだが、日本人が間違えて *quit my company* と言ってしまっても、company という語につられて、ネイティブは「会社をたたむ」という意味だと受け取るだろう。

**ネイティブはこう言う** **I'm going to quit my job.**

この場合の **job** は「勤め口」「職」という意味。

とはいえ、job の持つイメージはやはり「仕事」。

日本人が「仕事」より「会社」にこだわる傾向が強いのに対し（最近は少し変わってきたようだが）、ネイティブがこだわるのは、自分が経営者でない限り、「会社」より「仕事」。そのため「会社を辞める」というときも「今までの仕事を辞める」つまり、**I'm going to quit my job.** と言うのだろう。

# Q 14
## 3時間後に戻ります

「3時間後に戻ります」と言いたいとき、＿＿ に何を入れる？
I'll be back ＿＿ three hours.

① in
② after

**誤解される！** *I'll be back after three hours.*
**こう伝わる！** 3時間たったら、そのうち戻ってきます。

日本語では「今から…後に」という場合も「…の後に」という場合も「…後に」という言葉を使うため、どちらも *after* を使ってしまいがち。

ところがここで *after* を使うと「3時間たってから帰って来る」、つまり4、5時間たってからでも、もっと言えば100時間たってからでも OK ということになってしまうのだ。

 **I'll be back in three hours.**

in と言うと日本人は「…以内に」というイメージを抱きがちだが、英語では「今から…後に、今から…たてば」という意味を表すとき、after ではなく in を使うのだ。
after を使うのは、「…の後に」という場合。こんなふうに使う。

I'll see you after work.
仕事の後に会おう。

# Q 15
# 今から本当のことを話すね

「じゃあ、今から本当のことを話すね」と言いたいとき、
*I'll tell the truth from now on.* ではどんな意味になる？

誤解される！ *I'll tell the truth from now on.*
こう伝わる！ 今まではウソばかりだったけど、これからは正直になるよ。

「今から = from now on」と覚えた人、多いのでは？　けれどこのフレーズは「今までは違ったけれど、これからはずっと」という意味。この設定にはそぐわない。

 **I'll tell the truth.**
じゃあ、本当のことを話すね。

I will を短縮した I'll は、今決めたことについて「じゃあ、…するよ」というニュアンスを出すときに使える。そのため、ここでは I'll tell the truth. だけで、充分気持ちが伝わる。

# Q16

# つきあってる人いるの？

「つきあってる人いるの？」と言いたいとき、
*Are you dating a person?* ではどんな意味になる？

## 笑われる！ *Are you dating a person?*
**こう伝わる！** あなた「人間」とつきあってる？

「人」を表す英語には **person、people、human (beings)、
man** などいろいろな語があるが、これらは使い分けが必要。
このようなケースでいきなり *a person* と言うと、「(動物や物
と区別した) 人間」と受け取られてしまうのだ。

## ネイティブはこう言う **Are you dating someone?**

このような場合の「人」には、**someone**（誰か）を用いるの
がもっともナチュラル。

## こんな言い方も！

「つきあってる人いるの？」には他にもこんなバリエーション
がある。

**Is there someone special?**
特別な人がいるの？

**Are you seeing anyone?**
もしかして、誰かとつきあってるの？

単に see だけでも「つきあう」という意味になる。また、anyone にすると、「まさかいるんじゃないでしょうね？」という感じに。また具体的に、**Are you dating a doctor?**（医者とつきあってるの？）のような言い方もできる。

## Q 17

# バスで行ったよ

「バスで行ったよ」と言いたいとき、*I went by a bus.*
ではどんな意味になる？

**笑われる!** *I went by a bus.*

**こう伝わる!** バスの横を通ったよ。

「…で行く」というときに **by** を使うことは覚えたと思うが、*bus* に *a* をつけて、うっかり *went by a bus* と言ってしまうと、「バスの横を通った」という意味に！　この by は「…のそばに、そばを」という意味。

## ネイティブはこう言う **I went by bus.**

交通手段を表すときは **by bus**、**by plane**（飛行機で）のように、a や the をつけずに無冠詞で。
連絡方法や輸送の手段なども同じように **by mail**（メールで）、**by special delivery**（速達で）というふうに言えるので併せて覚えておこう。

# Q 18

## 今日は休み？

「今日は休み？」はどっち？

① Is today your off day?
② Are you off today?

**DANGER!** *Is today your off day?*

**こう伝わる!** 今日は低調な日？

*off* には「休みの、仕事のない」という意味もあるが、「調子の出ない、低調な」という意味もある。

*Is today your off day?* という形にすると、ネイティブは「低調な日なの？」という意味に受け取ってしまう。

## **ネイティブはこう言う** Are you off today?

同じ off でも、Are you off today? あるいは **Is today your day off?** とすれば「今日は休み？」という意味が誤解なく伝わる。

ちなみに同じ「休み」でも「休日」ではなく「病気で休んでいる」という場合、

I'm sick at home today. あるいは、

I wasn't feeling well, so I took today off. と言う。

### off のネイティブ使い

I'm off! は「行ってきます」「今出るよ」という意味のフレーズ。

これは家に残る人に向かっても言えるし、外で待っている人に向かっても言える。

また、出かけようとする相手に対しては、

**You're off? 行くの？**

**You're taking off? 出かけるの？**

のように言う。

また、

**My game is off today.** は

「今日は調子が悪い」という意味。ゴルフや野球で調子が出ないときはもちろん、仕事で調子が悪いときも使える便利なフレーズ。

# Q 19

## 卵を焼いたよ!

朝食の準備ができた。「卵を焼いたよ!」と言いたいとき、
*I burned an egg.* と言うとどんな意味なる?

**笑われる!** *I burned an egg.*

**こう伝わる!** 卵、黒焦げになっちゃった…。

*burn* は「焼く」という意味だが、これは基本的に「火で燃やす」
という意味の「焼く」。料理に使うと「焦がす」という意味に。

**ネイティブはこう言う** **I fried an egg.**

**fry** は「揚げる」という感じがするが、油を使ってフライパン
などで焼く場合、あるいは「いためる」場合も fry を使う。た
くさんの油で「揚げる」と言いたい場合は、**deep fry** と言う。

### 英語のレシピに挑戦

**fry** を使った英語のレシピに挑戦してみよう。これでおいしい
「えびカレー」が、作れるはずだ!

1)In a pan, add 10oz of shrimps, curry powder, and spices
you like, and fry in two tablespoonfuls of oil.

2)Add $1\frac{1}{3}$ cups of water progressively and reduce to desired
consistency.

3)Lastly, add in vegetables (pre-boiled potatoes, tomatoes

and/or sliced eggplant and green chili). Simmer for 5 mins.

## 語句

shrimp：エビ、fry：いためる、progressively：徐々に
reduce：薄める、consistency：（液体の）濃度
pre-boiled：あらかじめゆでた、simmer：弱火で煮る
mins：minutes（分）の略

## ポイント

気をつけなければならないのは、重さなどの単位表記。
**oz** は **ounce**（オンス）のこと。28 グラム強。10oz と書いて
あったら、だいたい 300 グラムくらいと考えればよい。また 3
$\frac{1}{2}$ oz のような表記の場合、だいたい 100 グラムくらい。
**cup** にも注意。日本のカップと違って、ふつう 1 cup が $\frac{1}{2}$
pint の量となっている。1 pint はほぼ 0.47 リットル、1 cup は
237cc。なので 1 $\frac{1}{3}$ cup は、237 + 79 = 316　となり、だいた
い 300cc くらい、つまり日本でいう 1 カップ半くらい。

## 訳

1)鍋にエビ 300 g を入れ、カレー粉と好みのスパイスを加えて、
　大さじ 2 杯の油でいためる。
2)水 300cc を徐々に加え、好みの濃度に調整する。
3)最後に野菜（下ゆでしたじゃがいも、トマト、お好みで、ス
　ライスしたなす、グリーンチリなど）を加え、弱火で 5 分間
　煮込む。

# Q20

## 私は前向きな人間

「私は前向きな人間よ」と伝えたくて、*I'm positive.*
と言ったらどんな意味になる？

### 誤解される！ *I'm positive.*

**こう伝わる！ 絶対、そうだってば！**

「positive ＝積極的な、前向きな」と思っている人が多いと思う。
ところが **positive** には「確信のある」という意味があり、
単に I'm positive. と言うと、この意味に受け取られてしまうの
だ。また I'm positive. には「HIV（human immunodeficiency
virus ヒト免疫不全ウィルス）の陽性」という意味もある。
もちろんどちらの意味であるかは状況で判断することになる。

### ネイティブはこう言う I'm a positive thinker.

#### 私はポジティブ思考よ。

後に thinker（…な考えをする人）を加え、I'm a positive
thinker.（ポジティブ思考の人間）とすればOK。

### 自信はないけれど…

I'm positive. を否定形にした、**I'm not positive.** は、「はっ
きりはしない」「違うかもしれないが…」という意味。
**I'm not positive, but I think today's her birthday.**
（間違ってるかもしれないけど、今日は彼女の誕生日だと思うん
だ）という感じで、ちょっと自信がないときに使える。

# Q21

## は～い今行きます

玄関のインタホンに出て「は～い今行きます」はどっち？

① I'm going!
② I'm coming.

### 笑われる！ *I'm going!*

**こう伝わる！** もう、行っちゃうよ～。

玄関にいる客に向かって、*I'm going!* と言うと、相手のいる
場所や方向ではなく、別の場所に行く意味になり「もう行っち
ゃうからね～」という感じになってしまう。

### ネイティブはこう言う I'm coming.

**今行きます。**

相手のいるところに「行く」と言う場合、英語では **come** を
使う。come は基本的に「相手、聞き手」を中心に考えた語。「中
心」へ向かう場合は **come**、遠ざかる場合は **go** と覚えよう。

### 友達の家に「行く」ときは？

友達の家に行くとき、日本語では「行くね」と言うが、この場
合も「相手を中心に」考えてみると、**come** を使うことになる。
というわけで、「（あなたの家に）行くね」も
**I'm coming.** ということになるのだ。

# Q22
# 彼はきっかり50ドルくれた

「彼はきっかり50ドルくれた」と言いたいとき、＿＿ に入れ
るのはどっち？　**He gave me ＿＿ 50 dollars.**

① exactly
② just

**DANGER!** *He gave me just 50 dollars.*

**こう伝わる！** 彼はたったの50ドルしかくれなかった。

「ちょうど、きっかり」というと、just が思い浮かぶだろう。
確かに辞書にもそう載っているが、**just 50 dollars** という
表現を聞くと、ネイティブは「わずか50ドル」「たったの
50ドル」という意味に受け取ってしまうのだ。

**ネイティブは こう言う** # He gave me exactly 50 dollars.

数字を続けて「ちょうど、きっかり」と言いたいときは、
**exactly**、あるいは **just exactly** を使えば誤解なく伝わる。
上記例文は、just exactly を用いた
**He gave me just exactly 50 dollars.**
でもOK。
他にこんな言い方もある。
**He gave me 50 dollars, no more, no less.**
**no more, no less** は「それより多くも少なくもなく」とい
う意味、つまり「きっかり」ということ。

41

# Q23

# 天井の下に貼ってね

「そのポスター、天井の下に貼ってね」と言いたいとき、＿＿ に
どっちを入れる？　Hang the poster ＿＿ the ceiling.

① under
② on

**笑われる!** *Hang the poster under the ceiling.*

「下に」だからと under を使うと、「天井の下の空中に浮かべる」
という意味に！ **under** は「…より下に」という意味で、「対
象物に接していない」ことを表すからだ。年齢制限を表すとき
に、**under 19** と言うと、「19歳より下」、つまり19歳を含
まない「19歳未満」ということになるが、同じ理屈だ。

# Hang the poster on the ceiling.

「on＝上に」と覚えた人が多いと思うが、**on** は対象物に接し
ていることを指す。そのため、「天井の下」であっても「接し
ている」ならば、on を使うことになる。

## 他にもある「上に」のバリエーション

「UFO？どこに？」と言う相手に「あの山の上の方に！」と
言いたいときは？　　It's ＿＿ that mountain!
答えは **above**。over だと「山を越えて」という意味になる。

42

# Q24

# おいしそうだね！

「おいしそうだね！」と言いたいとき、
*That appears delicious.* ではどんな意味になる？

**DANGER!** *That appears delicious.*

**こう伝わる！** 一応おいしそうに見えるけど、実際はどうかなぁ。

appear は「実際はそうでなくても、少なくとも外見上はそういうふうに見える」というイメージの言葉。「見た目はいいけど、実際はどうなんだろう」という意味になるのだ。

**ネイティブはこう言う** **That looks delicious.**

appear も look も「…に見える」と訳すが、appear が「見た目」を表すのに対し、look は「実際も外見もそんなふうに見える」という意味。ほめたいときは look を使おう。

## appearと lookを比べてみよう

appear と look の違いを、別の例文で比較してみよう。

**She appears to be a weak person.**
彼女って、一見弱そうに見えるよね（実際には強いの）。

**She looks sick. Should we call an ambulance?**
彼女、気分悪そうよ！　救急車呼ぼうか？

# Q25

## あなたはどう思う？

「あなたはどう思う？」はどっち？

① What do you think?
② How do you think?

**DANGER!** *How do you think?*

**こう伝わる！** 考えればわかるでしょ？

「どう」という日本語から、**How** と言ってしまう人が多いが、How は「どうやって」という「方法」を表す語なのでここではそぐわない。

*How do you think?* は、相手がバカバカしい質問をしてきたようなときの返事として、イライラした気持ちを表したいときに使われる表現。たとえば、

How are you going to get to Hawaii?
ハワイにはどうやって行くの？

How do you think? By plane, of course.
どうやってって、考えればわかるでしょ！飛行機よ、もちろん。

 **What do you think?**

44

「どう思う？」とは具体的に「なに」を思うのかということなので、What do you think? が正解。

とはいえ What do you think? も、ばかばかしい質問をした人に返すときは、「イライラした気持ち」を表す表現になる。

**What did you do today?**
あなた、今日はなにをしたの？

**What do you think? I worked! I work everyday!**
なにをしたかって！？　仕事さ。ぼくは毎日毎日仕事だよ！

## イライラを表す問い返し

イライラを表す問い返しは他にもこんなバリエーションがある。

**Where is Los Angeles?**
ロサンジェルスってどこ？

**Where do you think?! It's in California.**
どこだって思うの！？ カリフォルニアでしょうが。

**When did you get here?**
いつここに着いたの？

**When do you think?! I've been waiting for two hours!**
いつだと思う！？２時間も待ってるんだぞ！

Why did you get a new computer?
なんで新しいコンピュータ買ったの？

Why do you think?! You destroyed my old one!
なんでだと思う！？　あなたが私の古いやつを壊しちゃっ
たからじゃないの！

# アメリカ人と What do you think?

アメリカ人は **What do you think?**（あなたはどう思うのか？）ということをとても大切にします。それを示すエピソードを紹介しておきましょう。

先日、アメリカの大学へ留学した日本人女性がこうこぼしていました。授業で小論文の宿題が出たので、彼女は一心に勉強し、十二分にリサーチし、会心の作を書き上げ、自信を持って提出。ところが成績は期待はずれのものでした。納得のいかない彼女は、勇気を振り絞って教授にその理由を尋ねてみました。教授からの返事はこんなものでした。

「あなたの論文には確かに事実や詳細な情報が盛り込まれていたが、あなた自身の意見がどこにも見当たらなかった。私が知りたいのは知識の量ではなく、あなた自身がどう考えているかということなんだ」

つまり、

**What do you think?**（君自身はどう考えるのだ？）

が最重要ということ。

アメリカの教育で一番大切なことは、自分の意見を構築すること。情報収集はそのための手段に過ぎません。

ところが彼女はこの「手段」の段階で論文にピリオドを打ち、肝心の「自分の意見」を述べていなかったのです。

かつてはアメリカでも、教育とは基本的に教師の知識を生徒に伝授するものでした。**Knowledge is power.**（「知は力なり」）と言われてきたゆえんもここにあります。

ところがインターネットがもたらした情報革命は驚異的。

よほどの機密事項でない限り、誰でも瞬時にほとんどの情報を知ることができます。

そしてそのため、かつては貴重とされていた情報の価値が下がることになってしまったのです。小学生でもネットで大学の授業内容をのぞけるようになった今、かつて「賢者」とされた教師の役割も、今では「教えること」から「生徒に考えさせること」に変わってしまったのです。

そのためアメリカでは、以前にも増して「自分の意見を述べる」ことが重要視されています。

What do you think? と問われたら、

I think...と明確に答えられるよう、日頃から自分の意見をまとめておきたいものです。

そして自分の意見をはっきり述べるという能力は、今後日本でも、社会生活全般において、ますます重要な要素になっていくことは間違いないでしょう。

まずは日常会話における、こんな単純な What do you think? の受け答えから、練習しておいてみては？

A: You got your hair cut.
　　君、髪切ったんだね。
B: What do you think?
　　どうかな？
A: Maybe it's a little too short.
　　そうだなぁ、ちょっと短すぎるかも。
B: Yeah, I guess you're right.
　　そうなの、その通りだと思う。

# 2章

・・・・・・・・・・・・・・・・・・・・・・・・・・・・・・・・・・・

# その英語長すぎます！
# シンプルでうまい表現集

・・・・・・・・・・・・・・・・・・・・・・・・・・・・・・・・・・・

書き言葉なら論理的に詳しく説明する必要もあるけれど、会話
では短くキリッとした言い方のほうが相手の心に気持ちが届
く！どうやってシンプルな文にするのかトライ。

# Q01
## 何があったか知りたい?

「ねえ、何があったか知りたい?」と言いたい。
**Do you want to know what happened?**
を2語で表すには?

**DANGER!** *Do you want to know what happened?*
こう伝わる! 君、何が起こったか知りたいかね。

フォーマルなフレーズ。カジュアルな会話には不向き。ビジネスミーティングで上司が部下に向かって言うような言い方で、ちょっと怒っているような印象を与えることも。

ネイティブはこう言う **Know what?**

**Know what?** という形に略すと、カジュアルな会話で相手の興味を引きたいときに使える。直訳すると「なにか知りたい?」となるが、単に「あのね」というふうに話を切り出すときに使える便利なフレーズ。ただし、あまりしょっちゅう使うと相手をイライラさせてしまうので注意。たまに使うと効果的。

### Know what? にはどう返す?

**Know what?** と言われたらふつう、
**What?**(なに?)と返す。
他の言葉では、うまいやりとりにはならない。
とはいえ、相手が言おうとしている内容を既に察知していて、
**Yeah, I know.** うん、知ってるよ。

とちょっと冗談めかして答えることはできる。

さらにユーモラスにしたいとき場合は、

**Yes, I have ESP.　わかるよ、ぼくエスパーだから。**

と言う。（ESP は extrasensory perception（超感覚的知覚）の略）

ただし **Know what?** としじゅう言ってくる相手が面倒で、適当に受け流したくて「はいはい、わかってるよ」という感じで **Yes.** と返すネイティブもいるので注意！

## Know what? のバリエーション

**Know what** の後にいろいろな言葉を続けて、バリエーションを作ることができる。

**Know what I did?　私が何をやったか、知りたい？**
**Know who I saw?　私が何を見たか、知りたい？**
**Know what I bought?　私が何を買ったか、知りたい？**

また、Know what の what を **when** や **how** に変えることもできる。

**Know when the wedding's going to be?**
**結婚式、いつだか知りたい？**

**Know how old I am?**
**私がいくつだか、知りたい？**

# Q02
## ちょっと、聞いて！

「ちょっと、聞いて！」と言いたい。
**Try to guess what I heard?** を2語で表すには？

 *Try to guess what I heard?*
**こう伝わる！** 私が聞いたこと、想像して。

これでは、これから話そうとすることが「おもしろい話」という感じがしない。単に「これから話そうとすることを想像して」と言いたいときの表現。

### Guess what?
**ねぇねぇ、おもしろい話、聞きたい？**

**Guess what?** は、今から話そうとしていることについて、よりエキサイトしている感じが出る。「ねぇねぇ、ちょっと聞いた？」という感じで、思わず口にするときに使う感じ。この場合も **Know what?** 同様、聞かれた相手は **What?** と尋ね返す。

> ### Know what? と Guess what? はどう違う？

**Know what?** は「あのね」という感じで、**Guess what?** よりは理性的。また、**Know what?** は、話の内容がいいこと・悪いこと、両方の場合に使える。
**Guess what?** は「ねぇねぇ、ちょっと知ってる！？」と興奮して思わず口にする感じ。また、**Guess what?** は、より

ポジティブなこと、おもしろいこと、あるいはスキャンダラスな話に使う。

Guess what? も Know what? と同じように、いろいろなバリエーションにできる。

**Guess what I did?**　ねぇねぇ、私、なにやったと思う？
**Guess who I saw?**　ねぇねぇ、私、誰を見たと思う？

ちなみに、**Guess what?** はなんの脈絡もなく、突然切り出すことができるが、**Guess who?** はなにかをした人の話をしていて「で、それ誰だと思う？」という状況でしか使えない。これは、**Know what?** と **Know who?** の場合も同じ。

# Q03
# それは本当かもしれないね

That could be true. を2語で表すには？

**カッコよすぎ！** *That could be true.*
**こう伝わる！** それは本当かもしれないね。

カジュアル感に欠けるため、ちょっと深刻な感じになってしまう。ちなみに日本人がよく使う *Maybe.* は、「そうかもね、まあ、どうでもいいけど」というなげやりなニュアンスになることがあるので注意。

 # Could be.

### そうかもね。

**Could be.** で「そうかもしれない」「ひょっとしたらね」というフレーズになる。これならカジュアルな会話で使うのにピッタリ。

## Might be. とどう違う?

「そうかもね」と言いたいとき、

**Could be.** の他、**Might be.** もよく使う。

このふたつ、ニュアンス的にさほど大きな違いはないが、実は微妙に異なるのだ。

**Could be.** の方が「うまくいく」というポジティブなニュアンスが若干強い。

具体例を示すと、

**Do you think I'll win the lottery?**（宝くじ、当たるかな?）と「そうなってほしいこと」を聞かれた場合は、

**Could be.**

と答えるネイティブが多い。

一方、

**Do you think we'll lose the game?**（試合、うちが負けるかな?）と「そうなってほしくないこと」を聞かれた場合は、

**Might be.**

を使うネイティブが多いのだ。これは **Might be.** の方が遠慮した気持ちを出せるためだ。

# Q04
# そんなことにならなければいいけど

「そんなことにならなければいいけど」と言いたい。
I hope that doesn't happen. を2語で表すには？

**DANGER!** *I hope that doesn't happen.*
**こう伝わる！** そんなことにならなければいいんだけれど、ど
うでしょう。

この言い方だとかなり深刻な感じがする上、「そんなことにな
らなければいいけど、なってしまうかも」という含みがあるよ
うに受け取られる。

**ネイティブは こう言う**
# Hope not.
**そうでなきゃいいけど。**

会話でカジュアルに、軽く「そうでなきゃいいけどね」と返し
たいときは、**Hope not.** と言えばOK。

# Q05
# そんなこと、起こるはずがない

「そんなこと、起こるはずがない」と言いたい。
That is not likely to happen. を2語で表すには？

**惜しい！まわりくどい** *That is not likely to happen.*

<u>こう伝わる!</u> **そんなこと、起こるはずがないと思います。**

「そんなこと、起こるはずがないと思います」というふうに、フォーマルな場できちんと自分の意見を述べたいときなら、この言い方が適している。

 **Not likely.**
**まずありえないね。**

カジュアルな場で、「ありえない!」というニュアンスを出したい状況であれば、**Not likely.** が適している。

## 「…ったくまた?」

**Not** ではじまる便利なフレーズをもうひとつ紹介しておこう。それは **Not again.**

これは「ちょっと、また?」「もうやめてよね、まったく」というふうに、なにかにうんざりしたとき自然なリアクションとして言い放つひと言。

たとえば、遅刻常習者から遅刻の連絡を受けて、**Not again.**（もういい加減にして）。自慢好きな上司の自慢話が始まったとき、**Not again.**（また始まったよ〜）、という感じで使う。

# Q06

# 無理もないね

It's no wonder that you're so nervous.（君がナーバスになっているのも無理もない）を2語で表すには?

56

**誤解される！** *It's no wonder that you're so nervous.*

**こう伝わる！** 君がそんなにキリキリしてるのも無理からぬことだね。

相手をじっと観察してシリアスな感想を述べているような印象。こう言われると相手は何か返答しなければならないような気がするだろう。

 **No wonder.**

どうりでね。

省略版の **No wonder.** はさまざまなシチュエーションで使える便利なフレーズ。相手がナーバスになっている状況の他、へこんでいる状況、有頂天になっている状況など、その理由を聞いて合点がいったときに「なるほどね、そりゃ無理もないな」「ははーん、そういうことか」と返したいとき、どれも **No wonder.** でOK。

# Q07
# 私なら、やらないな

I wouldn't do that if I were you.（ぼくが君だったらやらないと思う）を、ネイティブだったらなんと言う？

**DANGER!** *I wouldn't do that if I were you.*

**こう伝わる！** もしぼくが君なら、決してそんなことやらない。

ちょっとした脅しともとられかねないくらい、かなり強い言い

方なので、危険なことや犯罪を犯そうとしている相手になら使える。

あるいは自分が大事に取っておいたデザートを食べようとしている相手にこう言うと、「後悔する羽目になるよ！」つまり「そんなことしたらぶっとばすからね！」という意味に。

 **I wouldn't.**
### ぼくだったらやらないな。

相手がやろうとしていることについて「それはよくないよ」とできるだけ軽い感じで考え直させたいときは、省略形の **I wouldn't.** を使うのがベター。**I** を強めに発音すると、「自分だったら」というニュアンスがうまく出せる。

## Q08
# そこまではできないよ

「引越し、手伝うよ」と言ってくれる人に「そんなことやってもらえないよ」をネイティブは2語で言う。それは？

**DANGER!** *I couldn't accept such a nice offer from you.*

**こう伝わる！** あなたからのそんなすごい申し出をお受けするわけにはいきません。

とても深刻な感じの表現なので、「ちょっと遠慮している」というより、「本気で断っている」という感じ。せっかくの申し出に対して、逆にちょっと失礼になるかも。

# I couldn't.

### そこまではできないよ。

こんなときは、**I couldn't.** だけでOK。これは「私はできませんでした」ではなく、「そんな図々しいこと、できないよ〜」というちょっと遠慮した気持ちをカジュアルに、うまく表すひと言フレーズだ。

# Q09
## ええっ!? そんなぁ!!!

「君の休暇はとりやめだ」と言うボスに、「あなたはそんなひどいことをする人ではないはず！」をネイティブは2語で言う。それは？

 *You would not be the kind of person who would do such a terrible thing.*

**こう伝わる！** あなたはそんなひどいことをする人であるはずがない。

これでは丁寧すぎて、逆に「そんなばかな！」という気持ちが伝わらない。

 # You wouldn't.

### ええっ!? そんなぁ!!!

**I'm going to cancel your vacation.** 「君の休暇はとりや

めだ」などと、ひどいことを言う人に対して、「あなたはそんな人じゃないはず！」と返したいときは **You wouldn't.** でOK。「あなたにそんなひどいことができるはずはない！」ということ。

ここでの **You wouldn't.** は You wouldn't dare to do such a terrible thing.（あなたはそんなひどいことをあえてやるような人じゃない）の略。そのため **You wouldn't dare.** という略も同じ意味で使える。

## Q 10
# あの本、メッチャおもしろかった！

「あの本、メッチャおもしろかった！」はなんと言う？

**誤解される！** *That book was very interesting.*
**こう伝わる！** あの本は大変興味深いものでした。

「とても」「すごく」と言われると、very という語が口をついて出てしまうもの。けれど *very* を使った方が逆に冷静な言い方になる場合もある。

**ネイティブはこう言う** # That book was interesting.
**いやぁ、あの本、ほんとおもしろかったよ〜！**

この場合、very をつけず、単に **interesting** と言う方が、「その本はズバリおもしろかった」というニュアンスがうまく伝わる。 **interesting** を強く発音すると、「おもしろさのレベル」がさらにアップ。

## very を使うとき、使わないとき

①こんなときには *very* を使わない方がベター
**「明日はすっごく忙しい！」**

 **誤解される！** *We're going to be very busy tomorrow.*
**こう伝わる！** 明日は大変忙しいでしょう。

この場合、**very** を使うことで、冷静な感じ、つまりちょっと他人事（ひとごと）のような雰囲気を出してしまう。

 **ネイティブはこう言う** **We're going to be busy tomorrow.**

**明日はほんっと、忙しいよ。**

特に会話で、緊迫感を出したいなら、修飾語をつけず、**busy** という「いちばん言いたい語」を強調して言うのがネイティブ流。

② **very** を使うとき
**very** は「どれくらいか」という程度を示す語。そのため、誰かに、

How hungry are you?　どれくらいお腹すいてるの？
How busy are you?　どれくらい忙しいの？
と聞かれた場合は、
I'm very hungry. すごくお腹すいた。
I'm very busy.　すごく忙しい。
あるいは
I'm really hungry. 本当にお腹すいた。
I'm really busy.　本当に忙しい。

のように「どれくらい」か説明する語を加えるのが自然。

しかし、すごく忙しくて、思わず口に出るときの「すごく忙しい」「すごくお腹空いた」の場合は、単に、

**I'm busy.**

**I'm hungry.**

と言う方が自然なのだ。

coffee
break
2

# なぞなぞで英語頭に！その1

ここでひとやすみ。riddle（なぞなぞ）で、遊んでみましょう。
とはいえ、これは立派な英語学習法のひとつ！ではまず初級レ
ベルのなぞなぞに挑戦してみましょう。

**What are the most understanding two letters of the alphabet?**

問題は「アルファベットの中でもっとも理解力のある2文字っ
てなんだ？」という意味。
答えは：**IC**

なぜかわかりますか？　これは
**I see.**（わかったよ）
という表現を、その発音から IC というアルファベットとかけ
ているというわけです。仲間内では、アルファベットを使って、
同じ発音のことばを表すことがよくあります。たとえばこんな
感じ。

| | | |
|---|---|---|
| you | → | U |
| bee | → | B |
| tea | → | T |
| why | → | Y |
| see | → | C |
| ICU | → | I see you. |

# Q 11

# あんまり時間がないんだ

「間に合いそう？」と尋ねられ、「あんまり時間がないんだ」と
答えたいとき、*We don't have very much time.*
では、何がまずい？

**DANGER!** *We don't have very much time.*

**こう伝わる！** 時間はあまりないけど、ちょっとならある。

「間に合いますか」と尋ねられ、「あんまり時間がないから、無
理そう」と言いたいとき、*We don't have very much time.* と
言うと、「なんとか間に合う」と受け取られる可能性が。

**ネイティブは こう言う** # We don't have time.

### 全然時間がない。

「間に合わない」ことをはっきり伝えたいなら、シンプルに
We don't have time. と言えばOK。他にこんな言い方が。

**We don't have enough time. あんまり時間がないんだ。**

これなら「何とか間に合う」というふうには取られない。We
don't have time. よりはソフトだが、断っていることは伝わる。

**We don't have any time. 全然時間がないんだ。**

はっきり断っている感じ。

## We have no time. は不自然

「時間がない」という場合、

We have no time. というフレーズも思いつくだろう。しかしネイティブにとって、このフレーズは語調的になんとなく不自然な響き。けれどここに **absolutely** を入れて、
**We have absolutely no time.**（まったく時間がない）
とすると、自然な響きになるのだ。

## Q 12
# 駅まで徒歩で 30 分ほどです

「駅まで徒歩で 30 分ほどです」と言いたいとき、ネイティブはどっちを使う？

① It takes about 30 minutes to walk to the station.
② It takes 30 minutes to walk to the station.

**かしこまりすぎ** *It takes about 30 minutes to walk to the station.*

**こう伝わる！** 駅まで徒歩で 30 分くらいかかります。

日本語では「約」「およそ」「…など」「…くらい」「…程度」のように、数や内容についての明言を避けるための語が頻繁に使われ、英語にするときにも *about* をつけがちだがこのケースでは不要。

 **ネイティブはこう言う**

# It takes 30 minutes to walk to the station.

**駅まで徒歩で 30 分です。**

歩く速度が人によって違うことはわかりきっているので、「誰が歩いてもきっかり 30 分」ということはありえない。わかりきったケースでの *about* は省こう。

## Q 13
# 昨年の売上げは…

「わが社の昨年の売上げは約 3 億円だった」と言いたいとき、*Our sales last year were approximately 300-million yen.* ではどんなイメージになる？

**誤解される！** *Our sales last year were approximately 300-million yen.*

**こう伝わる！** 我社の昨年の売上げは 3 億円プラスマイナス数円だった。

ここで *approximately* を付けると、3 億円プラスマイナス「数円」つまり「300,000,002 円」であるかのような印象を与える。

## ネイティブはこう言う **Our sales last year were 300-million yen.**

**我社の昨年の売上げは 3 億円だった。**

「売上高が 3 億円」という場合、1 円単位まで述べているわけではなく、「約」ということは明白なので、*approximately* は不要。いちいち付けるとしつこい感じに。

## 正確に言っていないケースは山ほどある

考えてみると、生活の中では、物事を正確に言っていないケースの方が多いくらいなのだ。たとえば、

**I'm 29 years old.　私は29歳です。**

のように言うが、厳密に言うと、誕生日の次の日は「29年プラス1日」なので、I'm 29 years old. と言える日は、1日しかないことになる。

けれど1日過ぎたからと言って、いちいち、

I'm about 30 years old.（だいたい30歳くらいです）とは言わない。日常生活において、「正確」であることが必要なケースはそれほど多くはないのだ。

# Q14
# 早く寝れば、元気になるよ！

「早く寝れば、元気になるよ！」と言いたい。
ネイティブ流にするには ___ に何を入れる？
**Go to bed early ___ you'll have more energy.**

**📖ネイティブ流** *If you go to bed early, you'll have more energy.*

**📣こう伝わる！** 早く寝れば、より多くの活力を得られるでしょう。

「もし…すれば」という日本語を即、If... と「変換」してしまうクセがついている人は多いもの。 if を使っても間違いではないが、多用すると自然な会話の流れを損なう可能性が！

# Go to bed early and you'll have more energy.

**早く寝なよ、元気になるから。**

If you... の場合、ネイティブは If you... を省き、動詞を命令形にすることが多い。後に and... を続けるのがポイント。命令形は必ずしも「命令」を表すわけではなく、親しみを込めたうまいアドバイス表現にもなる。

## おさらいしてみよう

 *If you make reservations, we won't have to wait.*

**こう伝わる!** あなたが予約してくれれば、私たち待たずにすむんだけど。

If... の形を使うと、「あなたが…をやってくれるんだったら、…してもいいんだけどね」と条件についての取り引きしているように聞こえることも。

# Make reservations and we won't have to wait.

**予約してくれない? そしたら待たずにすむでしょ?**

この場合、If 節と主節の主語が違う（you と we）が、If 節が If you ...という形であれば、If you を省き、命令にすればOK。and の次の主語を **we** にすることを忘れないように。

68

# Q15
# 今すぐ行かなきゃ、遅刻よ！

「今すぐ行かなきゃ、遅刻よ！」と言いたい。
ネイティブ流にするには ___ に何を入れる？
Go now ___ be late.

**かんでまり言える!** *If you don't go now, you'll be late.*
**こう伝わる!** もし今行かなければ、遅刻するでしょう。

理屈っぽい言い方である上、同じ主語がふたつ使われているため効率が悪く、インパクトにも欠ける。

**ネイティブは こう言う** ## Go now or be late.
### すぐ行きなよ、遅刻しちゃうよ。

**or** は脅迫（〜するんだ、さもないと）の意味を含む語。そのため、「…しなければ、…になるよ」という意味で、If 節の代わりにうまく使えるのだ。
ここでは「…しなければ」なので、If you don't までを省いて命令形にし、後に **or** を続けるのがポイント。... or you'll be late. でもよいが、you'll も省く方がよりネイティブっぽい。

## 応用してみよう

「売上げをのばさなければ、職を失うぞ」と言いたい。ネイティブ流にするには？

*If we don't increase sales, we will go out of business.*

**こう伝わる!** 我々が売上げをのばさなければ、我々は職を失うだろう。

インパクトに欠ける。

## We have to increase sales or go out of business.

売上げをのばさなければ！　さもないと職を失う
ぞ。

このケースでは We have to を省き、命令形にした、

**Increase sales or we'll go out of business.** でもＯＫ。
こうすることで、よりインパクトの強い言い方になり、相手の
モチベーションを上げることになるだろう。

## Q 16

# 今しかない！

「君、今それをやらなければ、永遠にやらないよ」と言いたい。
If you don't do it now, you will never do it. を3語で言うには？

**かしこまりすぎ!** *If you don't do it now, you will never do it.*

**こう伝わる!** もしあなたが今それをやらなければ、あなたは永遠にそれをやることはないでしょう。

なにかをズバリと言いたいときは、できるだけ短い、印象的なフレーズにすることが大切。この表現では長すぎて心に響きにくい。

**ネイティブはこう言う** # Now or never.

今しかない！

これは決まり文句で、It's now or never. とも言う。上記の「かしこまりすぎ！」の表現も、このフレーズで充分伝わる。ここまで大胆に省略することで、相手の心に響く言葉に。

## Q 17

# 頑張って働けば、きっと成功するよ

「頑張って働けば、きっと成功するよ」と言いたい。
ネイティブ流にするには ___ に何を入れる？

___ ___ will help you succeed.

こう表現！ *If you work hard, it'll help you succeed.*

**こう伝わる！** もし一生懸命働けば、あなたが成功するのに役立つだろう。

回りくどい言い方なので、アドバイスとしてイマイチ。

**ネイティブはこう言う** # Working hard will help you succeed.

### 頑張って働けば、きっと成功するから。

主語というと、I や You などの代名詞を使いがちだが、ネイティブっぽく表現するには動名詞（〜 ing の形）を主語にする練習も必要。**Working hard will help you succeed.** は相手を励ます際の、力強くてスマートな言い方。

## Q 18
# 早く終えられるように、8 時に始めない？

「早く終えられるように、8 時に始めない？」と言いたい。
ネイティブ流にするには ___ に何を入れる？
___ finish early, why not start at 8:00?

こう表現！ *If you want to finish early, why not start at 8:00?*

**こう伝わる！** あなたが早く終えたいなら、8 時に始めない？

カジュアル感に欠け、会話に不向きな表現。

## **ネイティブは こう言う** To finish early, why not start at 8:00?

If you want to ... で始まる文章の場合、If you want の部分を省き、**To ...**（…できるように）という形にするとカジュアル感が増し、会話向けの表現になる。

# Q 19
## 雨が降ったらパーティーはキャンセルだね

「雨が降ったらパーティーはキャンセルだね」と言いたい。
ネイティブ流にするには ___ に何を入れる？
___ will cancel the party.

**ありがちな英語** *If it rains tomorrow, we'll have to cancel the party.*

**こう伝わる！** もし明日雨が降ったら、パーティーをキャンセルしなきゃならないでしょう。

長く、カジュアル感がない。

## **ネイティブは こう言う** Rain will cancel the party.

**rain** を主語にして、ここまで略した方が、逆に言いたいことがストレートに伝わる。パーティーが「明日」だとわかってい

る場合、tomorrow も省略してOK。

物や事を主語にした表現をいくつか見て、そのコツをつかんでみよう。

Laziness resulted in the failure.
怠け心が失敗の元だった。

Hard work made her a lot of money.
一生懸命働いて、彼女は大金を手にした。

The low pay made him lose interest.
給料が安かったので、彼は興味を失くした。

Poor nutrition led to his death.
彼は栄養失調で亡くなった。

# Q20
# 彼女のことは忘れろ

「彼女のことは忘れろ。でないと人生が無駄になる」と言いたい。
アドバイスっぽくするには ___ に何を入れる？
Forget her ___ you don't waste your life.

**You need to forget her. If you don't, you'll waste your life.**

こう伝わる！ 彼女のことは忘れる必要があるよ。もしそうしなければ、人生を無駄にするでしょう。

友人へのアドバイスのシーンで、あまり回りくどい表現を使うとフレンドリーな感じがしない。

# Forget her so you don't waste your life.

「…しなければ、…になる」という表現の場合、「…しろよ、…にならないように」と簡潔かつ、ちょっとソフトな表現に変えるとよい。その場合、命令形の後に **so you don't ...** という形を続ければOK。

より強い言い方にしたいなら、先に紹介した、

**Forget her or you'll waste your life.**（彼女のことは忘れろ。でないと人生が無駄になる）

でもOK。

# Q21
# このレポート今日中にしあげよう

「このレポート、今日中に仕上げなければ、客を失うぞ」と言いたい。ちょっとソフトな言い方にするには ＿＿ に何を入れる？

＿＿ finish this report today so we don't lose a customer.

*This report has to be finished today. If we can't, we'll lose a customer.*

このレポートは今日中に仕上げなければならない。できなければ、客を失うことになるぞ。

回りくどい上に、ちょっと脅しのような言い方になっている。

# Let's finish this report today so we don't lose a customer.

### このレポート今日中に仕上げよう、客を失わないように。

まず話の切り出し部分を **Let's finish**（仕上げよう）とすることで「自分も責任を一緒に負うよ」という気持ちが伝わる。また後半部分を「…しないように」という表現にすることで、全体の雰囲気が軽くなる。

# アメリカ人と Don't be so serious.

長い文章は seious（深刻に）になりがちなので、会話ではできるだけ避けた方がいいとこの章で述べてきました。この **serious** を使ったフレーズをひとつ紹介しておきましょう。

**Don't be so serious.**

これは直訳の「そんなに深刻になるなよ」という意味でも使いますが、別のニュアンスでも使います。それは、ジョークに笑わなかった相手に対して、「あれ？おもしろくなかった？」というニュアンス。

この言葉を聞くと、ある会議でのことを思い出します。それは社運をかけた深刻な問題についての会議。会議室には日本人、アメリカ人半々で、計10名ほどが顔をそろえており、全員が事の重要さに大きなプレッシャーを感じていました。

そのとき、ひとりのアメリカ人がジョークで口火を切りました。アメリカ人は笑い、日本人は誰も笑わない。日本の首脳陣は、こんな深刻な事態でのジョークを不快に思ったようでした。

そして、ジョークを言ったアメリカ人がこう言ったのです。

**"Don't be so serious."**

ところが、これを聞いた日本人の顔はますます険しくなってしまいました。きっと、

「こんなに深刻な事態なのに、深刻になるなとは、一体どういう了見だ」と思ったのでしょう。

こんな事態を招いた原因には、この **"Don't be so serious."** という言葉の持つニュアンスに対する誤解もあるでしょう。

けれど、アメリカ人と日本人の持つジョークに対するイメージの違いもあるのではないでしょうか。

アメリカ人にとってジョークとは、場の雰囲気をやわらげるためのもの。決して難しい問題をまじめに受け止めるのを避けようとするためのものではないのです。

場の雰囲気が張り詰めていると、自分の感じたことをうまく話せないばかりか、問題解決のことより「ばかげたことを言わないようにしなければ」ということにとらわれかねません。縮こまることなく意見を交わせるよう、まずはジョークでフレンドリーなムードを作っているというわけです。

アメリカでは、パーティーはもちろんのこと、演説のスピーチでもジョークを交えるのが当たり前。これもやはり、その場に集った人の気持ちをひとつにするための手段なのです。

とはいえ急にジョーク上手になるのは難しいもの。ジョークのセンスを備えた人は、実はアメリカ人にもそれほど多くないのです。

けれどせめて誰かがジョークを言ってくれたら（たとえおもしろくなくても！）、笑ってみるようにしてみては？

そうすれば場の雰囲気がやわらぎ、いろいろな面で事がうまく運ぶようになる可能性がぐーんと上がるのですから。

# 3章

ネイティブに一目置かれる
ワザあり！の「動詞と主語」

ネイティブの動詞や主語の使い方には英語ならではのものが
いっぱい。頭を切り換えて「なるほど感」を体得してみよう。

# Q01
# 今日中に上司に返事させます

クライアントに対して、「今日中に上司に返事させます」と言いたいとき、＿＿＿ に入れるのはどっち？

I'll ＿＿＿ my boss answer you today.

① make
② have

**DANGER!** *I'll make my boss answer you today.*

**こう伝わる!** 上司は嫌がってますが、無理にでも今日中に返事をさせます。

「させる」という意味の動詞として *make* を覚えた人もいると思うがこれは嫌がっている人に無理強いするというニュアンス。

**ネイティブはこう言う** I'll have my boss answer you today.

今日中に上司に返事させます。

同じ「させる」でも「強制」ではなく、「してもらう」というニュアンスを出せるのは **have**。

## 「〜させる」のバリエーション

「させる」にはいろいろなバリエーションがある。具体例で比較してみよう。

**I'll make him ...** 嫌でもさせる

I'll make him go to school today.
**今日はなんとしても彼を学校に行かせるわ。**

**I'll have him ...**  してもらう、させる

I'll have him call you.
**彼の方から、あなたに電話してもらうね。**

**I'll let him ...**  するのをゆるす

I'll let him go to the party.
**彼がパーティーに行くのをゆるすわ。**

**I'll get him to ...**  説得してさせる

I'll get him to take us to the airport.
**彼に頼んで、私達を空港まで送ってもらいましょう。**

# Q02
# この花を飾ったらいいと思うよ！

はじめて彼女を家に呼ぶため、部屋の雰囲気作りに四苦八苦している友人。「この花を飾ったらいいと思うよ！」とアドバイスしたいとき ___ に何を入れる？
These flowers will ___.

**DANGER!** *These flowers will make the room pretty.*
**こう伝わる！** この部屋あまりにそっけないから、この花でも
飾ればきれいに見えるでしょう。

これだと「この部屋は全然かわいくない。だからせめてこの花

を飾ったらきれいになるよ」というニュアンスになってしまう。

 # These flowers will help.
### この花を飾ったらいいんじゃないかな。

日本人はふつう help を「助ける」という意味でしか使わないが、ネイティブは他にもいろいろな状況で使う。そのひとつが「…（するの）に有効である」という意味。この例の場合、These flowers will help make the room pretty.（この花が部屋を綺麗にするのに役立つよ）と言ってもいいが、花がどんな効果をもたらすかは明白なので、単に help だけを使うのがネイティブ流。

## おさらいしてみよう

**DANGER!** *Soy sauce might make this dish taste better.*

【こう伝わる！】 しょうゆを入れると、この料理、もっとおいしくなるかもしれないよ。

この場合も、この言い方では「この料理、おいしくないけど、しょうゆを使えば少しはよくなるかも」というニュアンスに。こんなときも help を使って

**Soy sauce might help this dish taste better.**

と言うことができるが、さらに、

 # Soy sauce might help.
### しょうゆでひきたつかも。

とするのがネイティブ流。

**help** だけで終わらせることによって「この料理、おいしくないけど」というニュアンスを拭い去る効果が高まる。

# Q03
# もっと食べる？

食事中の相手に「もっと食べる？」とすすめたいときは、どっち？

① Do you want much more?
② Have all you want.

### DANGER! *Do you want much more?*
**こう伝わる！** ええーーっ、まだ食べるつもり？

相手におかわりなどをすすめるとき、*Do you want much more?* と言うと、want（欲しい）と much more（もっと）の組み合わせのせいで、「まだ食べるの？」「えーっ、もっと欲しいの？」という感じになり、相手を非難しているような印象を与える。

### ネイティブはこう言う **Have all you want.**
**食べたいだけ食べてね。**

have には「食事を楽しむ」という意味があるので、これを命令形にした Have all you want. がおすすめフレーズ。

**There's a lot more,**（たくさんあるから…）などを前に置き、

> There's a lot more, so have all you want.
> たくさんあるから、食べたいだけ食べてね！

のように言うと、さらに好感度がアップする。

## Q04
## その結果にはガッカリだ

「その結果にはガッカリだ」はどっち？

① The results made me feel bad.
② I don't like the results.

**誤解される！** *The results made me feel bad.*
**こう伝わる！** 私のせいでこんな結果になって、ほんとにすみません。

The results made me feel bad. では、「その結果に対して自分が申し訳ないと思っている」つまり「私のせいでこんなことに…」と自分を責める言い方になってしまう。

**ネイティブはこう言う** **I don't like the results.**
その結果にはガッカリだ。

「その結果には」という日本語にとらわれず、シンプルに
I don't like the results. と言えばOK。

84

# Q05

# 頑張ってみたけど…

We tried to finish before the deadline. とネイティブに言われた。締め切りには、①間に合った、②間に合わなかった……どっち？

**(NG英語！)** *We tried to finish before the deadline, but we weren't able to.*
**(こう伝わる！)** 締め切りに間に合わせようと頑張ったけどダメだった、けれどできなかった。

**try** は「やってみる」だが、その過去形 **tried** は「やってはみたけどダメだった」という意味。

そのため I tried to win the race and I won. は「不自然な話」なのだ。そして、同じ理由から、この場合の but 以下は不要で、つけると不自然になる。

**(ネイティブはこう言う)** # We tried to finish before the deadline.

**締め切りに間に合うよう頑張ってはみたがダメだった。**

できるだけ簡潔に伝えたいなら、**We tried to finish before the deadline.** でＯＫ。これで「一応がんばってはみたんだけどね」というニュアンスになる。

## ネイティブの tried 使い

**tried** を使う場合、後に **but** を続けると不自然になるケースと、

続けてもいいケースがある。具体的に見てみよう。

## 《but をつけると不自然な例》

× _I tried to tell him, but I couldn't._

（彼に話そうとしたがダメだった、けれどできなかった）

ここでは but 以下が、できなかったことについての確固たる理由ではないので、つけると不自然かつ冗長になる。したがって、**I tried to tell him.**（彼に話そうと、頑張ってはみたんだけど、ダメだった）でＯＫ。

## 《but をつけてもいい例》

○　I tried to tell him, but he was busy.

（彼に話そうとしたんだけどダメだった、彼、忙しかったから）

この場合、なぜできなかったかという説明なので、つけても不自然ではない。

# Q06
# 空港まで車で送ってよ

「空港まで車で送ってよ」と言いたいとき、＿＿ に入れるのはどっち？

**Could you ＿＿ me to the airport?**

① take
② send

**笑われる！** *Could you send me to the airport?*

**こう伝わる！** 私を箱詰めして空港に送ってくれる？

「send ＝ 送る」という発想から、「車で送る」にも send を使っていないだろうか。けれど *send* は「発送する、派遣する」という意味。これでは「空港まで箱かなにかに入れて送ってくれる？」、あるいは「空港にお使いで行かせてくれる？」という意味に聞こえてしまうのだ。

「彼女を店にお使いに出した」と言いたいときは send を使って、**I sent her to the store.** と言う。

**ネイティブは こう言う** # Could you take me to the airport?

「車で送る」というケースでも単に **take**（連れて行く）を使えば通じる。どうしても「車で」とはっきり伝えたいときは、
**Could you drive me to the airport?** あるいは
**Could you give me a ride to the airport?** でOK。

## ちょっと遠慮した言い方

相手や状況に応じ、ちょっと遠慮した言い方をしたいときはこんなバリエーションを使ってみよう。

**If you don't mind, could you give me a ride to the airport?**
もしよろしければ、空港まで送ってもらえませんか？

> If you have time, could you give me a ride to the airport?
> もしお時間があれば、空港まで送ってもらえませんか？

> I was wondering if you could give me a ride to the airport.
> あの…、空港まで送っていただければと思っているのですが。

## Q07
## こういうニュースに怒りを感じる

When I read this kind of news, I get angry.
（こういうニュースを読むと、怒りを感じる）
をネイティブ流にするには ＿＿＿ に何を入れる？
This kind of news ＿＿＿ me angry.

**かしこまりすぎ！** *When I read this kind of news, I get angry.*

**こう伝わる！** こういうニュースを読むと、怒りを感じるんだ。

日本人は「…すると」と言いたいときに、*When I ...* を使いすぎる傾向がある。これでは因果関係をぼかして（ここでは「こういうニュース」と「怒り」という関係）、遠慮がちに言っているように聞こえる。

**ネイティブはこう言う** ## This kind of news makes me angry.

## こういうニュースに怒りを感じる。

発想を変え、This kind of news を主語にしてみると、全体が
スッキリする。ポイントは動詞を何にするかだが、ここでは
**make** が使える。この場合の make は「○○が人を…な気分
や状態にする」という意味。

### ぼかしたいときには When I …で

**When I get on airplanes, I get nervous.** （飛行機に乗
るとき、私はナーバスになる）
というような場合は、因果関係をぼかす必要はないので、
**Airplanes make me nervous.** というふうに **make** を使
って全体をスッキリさせる方がよい。
けれど逆に因果関係をぼかしたいときなら **When I …** を使え
る。
たとえば「あなたといると、ナーバスになるの」と言いたいと
き、**You make me nervous.** （あなたは私をナーバスにさ
せる）とズバリ言うのはちょっと気が引ける。そんなときは、
**When I'm with you, I get nervous.** の方が少しはソフ
トになる。

# Q08
## その新しいレストラン、行ってみようよ

「その新しいレストラン、行ってみようよ」と言いたいとき、
**Let's try to go to that new restaurant.** ではどんな意味

になる？

笑われる! *Let's try to go to that new restaurant.*

こう伝わる! その新しいレストランに行けるかどうか、頑張って試してみよう。

**try to ...**は、「頑張って…してみる」という意味。try to goでは「努力してなんとか行ってみる」というニュアンスに。
**Let's try to climb Mt. Everest.**（頑張って、エベレストに登ってみようよ）というケースで使うのならOK。

ネイティブはこう言う **Let's try that new restaurant.**
その新しいレストランで、食べてみようよ。

同じ **try** でも、後に直接、目的語となる名詞を置けば、「…を実際にやってみる、食べてみる」という意味になる。

# Q09
# 今夜はイタリアンを食べようよ

「今夜はイタリアンを食べようよ」と言いたいときは、どっち？

① Let's have Italian tonight.
② Let's eat Italian tonight.

笑われる! *Let's eat Italian tonight.*

**こう伝わる！** 今夜はイタリアンを摂取しよう。

「食べる」というと eat と言ってしまいがちだが、実は eat という語には、「食事を楽しむ」というニュアンスがないのだ。どちらかというと「摂取する」という感じで使われることが多い。たとえば医者から糖分を摂らないように言われているような場合に、

**I'm not supposed to eat sugar.** （糖分を摂ってはいけないんだ）

というふうに使う。

## **ネイティブはこう言う** Let's have Italian tonight.
### 今夜はイタリアンにしよう！

「食事を楽しむ」というニュアンスで使われるのは、ふつう eat ではなく **have** の方。そのため、

I'm not supposed to have sugar. とは言わない。

# Q10
# ステーキにありつけた！

「ステーキにありつけた！」と言いたくて、
I could have steak. と言ったら、どんな意味になる？

**誤解される！** *I could have steak.*
**こう伝わる！** ステーキっていうのもありだね！

ネイティブは **could** を「できた」という意味ではなく仮定法で使う。**I could have steak tonight.** とすると「今夜は

ステーキを食べるっていうのもありだね」というふうに、未来の可能性を表す意味に受け取られてしまうのだ。

## ネイティブはこう言う I got to have steak!

「できた」は was able to で表すこともあるが、ここでのシーンでは **get to** くらいがちょうどいい。get to にはいろいろな意味があるが、「〜をしてうれしい」という意味も表せるのだ。あるいは元気よく言えば、単に I had steak！（ステーキを食べたんだ）でも喜びの気持ちは伝わる。ちなみに、**I've got to have steak.** と言うと「なんとしてもステーキ食べなきゃ」という意味になる。

### get to を使って喜びの気持ちを表してみよう

I got to go skydiving.
スカイダイビングやりに行ったんだ！

I got to meet my best friend from high school.
高校時代の親友に会ったんだ！

92

# つづりに自信、ありますか？

ここ 10 年余りで急速に普及した携帯メール。コミュニケーションは会話だけでなく、メールも、というより、メールが（！？）主流にさえなりつつある現代。英語でメールを送る機会も増えるでしょうが、その際つづりにも注意が必要！というわけで、ちょっと紛らわしいつづりのチェックをしてみましょう。

「いっしょにブランチ、どうですか？」というこの文章、どこか間違ってますか？

*How about having a branch with me?*

間違っています！それは「ブランチ」のつづり。「ブランチ」とは、breakfast + lunch のことなので、**brunch** となるのです。ちなみに **branch** は「枝」のこと。これではちょっと恥かしい！

他にも紛らわしいつづりを見てみましょう。次の文にはどこかにつづりの間違いがあります。見つけて直してください。

① *I eat serial every morning.*

朝食にはシリアルを食べています。

② *What are you going to ware to the party?*

パーティーには何を着て行くつもりなの？

答え

① serial → **cereal**

**serial** は「連続した」という意味。製品につけられた番号はシリアル・ナンバー（serial number）。serial killer は「連続殺人犯」のこと。

② ware → *wear*

同音異義語なのでつづりに注意！

# Q 11
## 残業の方が週末の仕事よりはいい

次のふたつの文章を同じ意味にするには、___ に何を入れる？

① It would be better to work overtime than to work on weekends.
② Working overtime ___ working on weekends.

**DANGER!** *It would be better to work overtime than to work on weekends.*

こう伝わる！ 週末に働くより、むしろ残業する方がいいものだよね。

ふたつのものを比較して「どちらがいい」か比べるとき、日本人の頭に浮かぶのは *A is better than B.* という形。けれど、*It would be better to work overtime than to work on weekends.* だと、一般論を偉そうに言っているように聞こえてしまうのだ。
*I would rather work overtime than work on weekends.*
とすると偉そうな感じは払拭されるが、深刻な問題について論じているような印象は残る。

ネイティブはこう言う **Working overtime beats working on weekends.**

**残業の方が週末の仕事よりはいい。**

**beat** はネイティブがよく使う動詞のひとつ。「打つ、たたく」の他、「…を負かす、…に勝る」という意味があるため、これを使ってふたつのものを比較できるのだ。**A beats B.** で「A

がBに勝る」という意味に。こうシンプルに言い切ることで、言いたいことが明白になり、英語らしい表現になる。

# Q 12
# 美術館の方がショッピングよりいい

「美術館とショッピング、どっちに行きたい？」と聞かれ、「美術館の方がショッピングよりいい」と答えたい。
beat を使ってカジュアルに言うには？

**かしこまり表現** *I prefer going to museums to going shopping.*

**こう伝わる！** わたくしはショッピングに行くより、美術館に行く方がいいですわ。

*prefer A to B*（BよりAを好む）という表現を懸命に覚えた人もいるだろう。もちろん会話で使ってもいいが、ちょっとお嬢様っぽい言い方で、上品ぶった印象になる。

 ## Museums beat shopping.
### 美術館の勝ちだな。

こんなときも **beat** を使うと、「美術館の勝ち〜！」という感じの、ちょっとユーモア交じりのうまい表現になる。

## Q 13
# 暑い日は冷えたビールがいちばん！

「暑い日は冷えたビールがいちばん！」と言いたい。
カジュアルな言い方にするには ＿＿＿ に何を入れる？

＿＿＿ beats a cold beer on a hot day.

**やって！発言** *A cold beer is the best thing to have on a hot day.*

**こう伝わる！** 暑い日は冷えたビールを飲むのがベストなのですよ。

これではその時の気持ちを素直に話しているというより、なにかについて解説している感じになってしまう。

**ネイティブはこう言う**
# Nothing beats a cold beer on a hot day.

### 暑い日は、冷えたビールに勝るものはないね。

**Nothing beats ...** は「…がいちばん！」「…は最高！」という気持ちをうまく出すことができる表現。**a cold beer** は a glass of cold beer（グラス1杯の冷えたビール）、a bottle of cold beer（冷えた瓶ビール）、a can of cold beer（冷えた缶ビール）などの略。a を省いた **cold beer**（冷えたビール）でも OK。

---

### beat はこう使う

ネイティブが **beat** をよく使う証拠に、**beat** を使ったフレー

ズがたくさんある。たとえば、

**If you can't beat them, join them.**

これは「負かせない相手なら仲間になれ」つまり、「長いものには巻かれろ」ということわざ。また相手になにか質問されたときに、よく **Beats me.** と返す。これは「その質問が私を打ち負かす」つまり「わからない、さあね」という意味。

# Q14
# ウソは君の評判によくないよ

「ウソは君の評判によくないよ」と言いたい。ネイティブ流にするには ___ 部分に何を入れる？

**Lying will ___ your reputation.**

**かぜまじまり！** *Lying might not be very good for your reputation.*

**こう伝わる！** ウソは君の評判にあまりよくないかもしれませんね。

*not be very good* という言い方ではあいまい。ただし、ソフトに言いたいときにはこれでOK。

**ネイティブはこう言う** # Lying might hurt your reputation.

### ウソで君の評判が落ちるよ。

「hurt ＝体や心を傷つける」と覚えた人もいるだろうが、これはいろいろな状況で使える便利な動詞。ここでは「評判・名声

などを傷つける」という意味。相手にはっきりわからせたいときにはこれを使おう。

## Q 15
## うちの会社、パリにオフィスがあるんだ

「うちの会社、パリにオフィスがあるんだ」と言いたいとき、
My company has an office in Paris. と言うと、どんな印象を与える？

**DANGER!** *My company has an office in Paris.*
**こう伝わる!** うちの会社なんかね、パリにオフィスがあるんだぜ。

My company を主語にすると、なにか相手の会社と競っていて、「自分の会社の方がこんなにいいんだ」と威張っているような印象を与える。この場合、

*My company has an office in Paris and yours doesn't.*

（うちの会社なんか、パリにオフィスがあるんだぜ。君のとこはないだろ）

という感じに聞こえてしまう可能性があるのだ。

**ネイティブはこう言う** # We have an office in Paris.
うちはパリにオフィスがあるよ。

主語を We にすれば、自慢しているような印象を払拭でき、ちょっと謙遜している感じになる。

> **こんなときにも We を使う**

「今日は病気の先生がふたりいます」と言いたいとき、There are を使って、*There are two sick teachers today.*
とする人も多いのでは？

これでも間違いではないが、あまり自然な文章ではない。また There are で始めると、「自分にはあまり関係ないけど」という印象を与えてしまうのだ。

こんなときも、We を主語にして、

**We have two sick teachers today.**

と言えばナチュラルになる上、自分に関係のある問題だ、という気持ちが伝わる。

## Q 16
# ちゃんと勉強しないと、成績が悪くなるよ

「ちゃんと勉強しないと、成績が悪くなるよ」をネイティブ流にするには ＿＿ に何を入れる？
＿＿ ＿＿ ＿＿ will hurt your grades.

**やりがちな英語** *If you don't study enough, you'll get poor grades.*

**こう伝わる！** もしちゃんと勉強しないなら、悪い成績をとるでしょう。

長くて説明的なので、アドバイスとしての効き目はイマイチ。

# Not studying enough will hurt your grades.

**ちゃんと勉強しないと成績が落ちるよ。**

Not studying enough を主語にすることがポイント。そして動詞にはここでも **hurt** が使える。hurt your grades で「成績を損なう」という意味になる。

## ネイティブ流の hurt 使い

**hurt** を使って、こんなネイティブらしい表現ができる。

The new policy will have a negative impact on motivation.
新しいポリシーはモチベーションに悪影響を与えるだろう。

**The new policy will hurt motivation.**
**新しいポリシーはモチベーションを損なうよ。**

Changing the name will make sales go down.
名前を変えたら売り上げが落ちるだろう。

**Changing the name will hurt sales.**
**名前を変えたら売り上げに響くよ。**

If your tires are low on air, then your gas efficiency will be worse.
タイヤの空気圧が低いと、ガソリンの燃費がより悪くなる。

---

**Low tires hurt gas efficiency.**
**空気圧の低いタイヤは燃費を悪くするよ。**

Low tires で「空気圧の低いタイヤ」という意味になる。

また、

**Another beer won't hurt you.**

これは「ビールもう一杯くらい飲んだって平気でしょ？」と相手にビールを勧めたいときの表現。

## Q 17
## 間に合わせるには週末に仕事をするしかない

*The only way to finish on time is to work on weekends.*（締め切りに間に合わせるには週末に仕事をするしかない）をよりフレンドリーにするには ＿＿ に何を入れる？

＿＿ have to work on weekends to finish on time.

**DANGER!** *The only way to finish on time is to work on weekends.*

**こう伝わる！** 締め切りに間に合わせるには週末に仕事をするしかない。

固い表現である上、責任を相手に押し付けているような感じ。

 # We have to work on weekends to finish on time.
締め切りに間に合わせるには週末に仕事をするし

かないよね。

主語を **We** にすることで、「いっしょに頑張ろう」というフレンドリーな気持ちが伝わる上、シンプルでわかりやすい会話向きの表現になる。

## Q 18
# 東京には、便利な地下鉄システムがあります

*Tokyo, where I live, has a convenient subway system.*（私の住んでいる東京には、便利な地下鉄システムがあります）をナチュラルな英語にするには ＿＿ に何を入れる？
＿＿ have a good subway system in Tokyo.

**ついこう言いがち** *Tokyo, where I live, has a convenient subway system.*

**こう伝わる！** 東京には、私はそこに住んでいるのですが、便利な地下鉄システムがあります。

書き言葉で、ガイドブックの解説のような感じ。会話としては固すぎる。

**ネイティブはこう言う** # We have a good subway system in Tokyo.

**東京には便利な地下鉄システムがあるよ。**

**We** はその場にいる何人かを「私たち」と指す時以外にも使える。

102

自分が属している会社、学校、コミュニティー、都市、家族などに言及する場合、主語を **We** にすれば、シンプルでわかりやすい文章になる。

さらに **We** にすることで、「自分の○○は」という愛着心も出すことができるのだ。

自分が東京に住んでいることを相手もわかっている場合は、in Tokyo を省いてもOK。

## We を使っていろんな説明をしてみよう

We have a lot of nice restaurants in Tokyo.
東京にはすてきなレストランがいっぱいあるよ。

We have two convenience stores in my neighborhood.
うちの近所にはコンビニが2店あるよ。

We get a lot of rain in Japan.
日本では雨が多いんだ。

We don't have a train station near my house.
うちの近くには電車の駅がないんだよ。

# Q 19
# 予約をする必要があります

「予約をする必要があります」と言いたいとき、*It is required*

*that you make reservations.* ではどんな印象を与える？

**DANGER!** *It is required that you make reservations.*

**こう伝わる！** 法律的に、君は予約する必要があるのだ。

これではなにか法的な条件について話している感じ。It is required by law that you make reservations.（法律上、君は予約する必要があるのだ）の略のように聞こえるからだ。やりたくないことを強制的にやらせる言い方で、次のような場合に使う。

▌It is required that you pay this fine today.
▌君はこの罰金を今日中に支払わなければならない。

**ネイティブはこう言う** # You need to make reservations.

### 予約する必要があるよ。

**You** を主語にし、動詞には **need** を使おう。**You need to** は相手にストレートかつ客観的に「する必要がある」と言いたいときに使える表現。

## お客さまに対しての表現

同じ内容でも、客に対して丁寧に言いたい場合は、次のような表現がおすすめ。

▌We'd like to ask you to make reservations.
▌ご予約をいただくようお願いしております。

104

We'd like to suggest that you make reservations.
ご予約をいただいた方が確かだと思います。

# Q20
# ここで働くには英語が必要だよ

*English speaking ability is necessary to work at this company.*（この会社で働くには、英語を話す能力が必要だ）を、よりフレンドリーな言い方にするには ＿＿ に何を入れる？

＿＿ ＿＿ ＿＿ to work here.

**英語の先生は** *English ability is necessary to work at this company.*

**こう伝わる！** この会社で働くためには英語の能力が必要である。

これだと文章自体も固い上、「目の前の相手」に対してというより、「一般的」な話をしているようで、フレンドリーな感じがしない。

**ネイティブは こう言う** # You need English to work here.

**ここで働くには英語が必要だよ。**

相手について、なにかの事情をはっきりと伝えたいときは、**You** を主語にする方がよりフレンドリーになる場合が多い。ここでは動詞を **need** にする。need はなにかを「やらなけれ

ばならない」という意味の比較的客観的な言葉なので、命令的なニュアンスにならないのだ。

また English ability は単に English に、this company は here にすることで、簡潔でわかりやすい表現になる。

## Q21
## 旅行プランは天候次第だね

*My travel plans might be affected by the weather.*
（私の旅行計画はきっと天候に影響されるでしょう）
をネイティブ流にするには ＿＿＿ に何を入れる？
**My travel plans ＿＿＿ on the weather.**

**ついやりがち！** *My travel plans might be affected by the weather.*

**こう伝わる！** 私の旅行プランは天候に影響される可能性があります。

ほとんどのことが天候の影響を受けるわけなので、「天候の影響を受ける可能性もある」という言い方だと、それによってプランが変更されるのかどうかは明確ではなく、ちょっとあいまいすぎる。

**ネイティブはこう言う** ## My travel plans depend on the weather.

**旅行プランは天候次第だね。**

depend on はもともと「頼る」という意味で、I depend

on you.（あなたに頼っている）のような使い方をする。

そのため、**My travel plans depend on the weather.**
は「旅行プランは天気頼み」ということになり、「天気が悪い
ともう台無し」という、はっきりとしたわかりやすい表現にな
るのだ。

## 使い勝手のよい depend

### ① depend on のネイティブ使い

●回りくどい表現をクリアに

I plan to buy a new computer, but it might cost too much.
新しいコンピュータを買うつもりだけど、値段が高すぎるかも。

**I plan to buy a new computer, but it depends on
the cost.**
**新しいコンピュータを買うつもりだけど、まぁ、値段次第
かな。**

「高すぎる場合は買わない」ことが明確に伝わる。

●固い表現をソフトに

Soft drink sales are impacted by the weather.
ソフトドリンクの売り上げは天候に左右される。
報告書のような感じ。

**Soft drink sales depend on the weather.**
**ソフトドリンクの売り上げは天候次第。**

## ② 使いまわしのきく便利な It depends.

ネイティブはよく **It depends.** というフレーズを使う。これは It depends on … (…による) という表現を **depends** で止めたもので、「いろんな条件がそろえば、大丈夫」「事と次第によるよね」など、いろいろな状況で使える便利な言い回し。たとえば仕事がたてこんでいるとき、「今日は家に帰れそう?」と同僚に聞かれ、「状況次第だけど、できればね」と言いたいときは、

**It depends.** でOK。

また、答えるのが難しい質問をされたときも、

**It depends.**

と言って、その場をしのぐことができる。

ネイティブ同士では、こんなふうに切り返しながら会話する。

A: Are you going to go to Europe? ヨーロッパ、行くの?
B: It depends. 状況によるな。
A: On what? なんの状況?
B: On how much money I can save.
　どれくらいお金を貯められるか、だよ。

これはもともと **It depends.** というフレーズが、**It depends on …** という形であることから成り立つやりとり。つまりBが言った It depends. は、

**It depends on how much money I can save.**

という意味。これをちょっとうやむやにしようと **It depends.** で止めたのだが、そこで、Aが「なんによるのか」

3章 ネイティブに一目置かれるワザあり！の「動詞と主語」

はっきりさせようと、depend on の on から始め、**On what?** と話を続け、Bもまた On から始める返答を返しているというわけだ。

# Q22
## ～って、みんな言ってるよ

「この地図はわかりにくいって言う人、多いんだよね」と言いたいとき、*A lot of people say this map is hard to understand.* と言うと、どこが不自然？

### 誤解される! *A lot of people say this map is hard to understand.*

**こう伝わる!** 多くの人々が、この地図はわかりにくいと言う。

a lot of people と言われると、より具体的な対象を指しているような印象を与えるため、「じゃあ、いったいどれくらいの数の人が言ってるの？」という疑問を抱かせる可能性があり、こちらの真意が伝わりにくい。

### ネイティブはこう言う **They say this map is hard to understand.**

**この地図はわかりにくいってみんな言ってるよ。**

ネイティブはよく **They say ...** というフレーズを使う。この場合の **They** は「彼ら」ではなく、「一般の人」を指す。「ちまたでは」「その筋の人たちによると」「専門家によると」など、場合によって多少意味合いが違ってくる。いずれにせよ、特定

の「誰々」を指しているわけではないので、こう言われて「じゃあ、何人くらい？」と思うネイティブはいないのだ。

## いきなりの They say …に慣れておこう

ネイティブはよくいきなり **They say** …と会話を始めることがある。たとえばこんな感じ。

**They say it's going to rain tomorrow.**
**明日雨が降るって。**

そんなとき、

*Who are they?* 彼らって誰のこと？

と問い返したりしたら、言い方によっては

「本当にそう言っている人がいるの？」「誰がそんなこと言ってるの？」「それって本当なの？」と相手を疑っているような印象を与え、ケンカを売っているように聞こえてしまうかもしれない。

## ネイティブと話したくなるコラム③

### アメリカ人と It doesn't hurt to ask.

この章で学んだ hurt を使ったポピュラーなフレーズをひとつ紹介しておきましょう。

日本では中学になると、たいていの場合生徒は黙って授業を聞き、指されたときに発言するという形ですね。

一方、アメリカでは大学の授業でも、手を挙げて質問したり、意見を述べたりします。

生徒は授業に積極的に参加することが求められ、授業でどれくらい質問や意見を述べたかが、成績を決める要素の半分を占めることも。実際、いくら懸命に勉強し、課題をきっちりやり遂げ、テストでいい点を取っても、教室で後ろの方に黙って座っていると、成績がふるわないことがよくあるのです。

生徒が何を理解し、何を理解していないかを教師が把握したいということも、生徒に発言させようとする目的のひとつ。これによってプリントの作り方を変えたりして、授業をもっとわかりやすく、面白いものにしようと考えているのです。

そして教師が生徒に発言させようとするときに、必ずと言っていいほど使う表現がこれ。

**It doesn't hurt to ask.**（聞いても誰も困らない）

（これは頼みごとをして断られた場合に「ちょっと聞いてみただけさ」という感じで使うこともあります）

また、

**There's no such thing as a stupid question.**

（ばかげた質問などひとつもない）
というものもあります。

こういう表現は、学校だけでなく、会議やセミナー、スピーチなどの場でもよく聞かれます。

一方、日本ではあまり発言しすぎると、他の生徒から疎んじられることもあるようです。また難しい質問をすると、反抗的だとか、不敬だととられてしまうこともあるのかもしれません。

つまり日本では、It doesn't hurt to ask. ではなく、It really might hurt to ask.（聞くと実際に傷つけることもある）ということにもなるのでしょうか…。

そもそも日本人の教育に対する考え方は、「寺子屋」に基づいています。「先生」という呼び方には、"teacher" や "professor" にはない尊敬の念が含まれます。寺子屋ではお坊さんが先生で、お坊さんへの尊敬は、すなわち神への尊敬。そしてここでは「沈黙して説教を聴く」ことこそが敬意を示す方法だったのです。

これに比べアメリカの大学では、学生が教授に敬称をつけて、"Professor Smith" とか "Dr. Green" というふうに呼ぶこともありますが、ファーストネームで呼ぶことが多いのです。これは「みな同等である」という雰囲気を作るため。アメリカの大学では、みなが質問をし、みながコメントや意見を述べているので、授業風景を見ても、誰が先生で誰が生徒か区別が付かないこともあるほど。それくらい刺激的な学習の場ということです。

# 4章

ひと工夫でグッと上品に！
使い勝手バツグンのフレーズ

ふつうの英語にひと工夫するだけで、
グッと上品で気遣いのある英語に！
どんな言葉や工夫を加えればいいのかひもといていこう。

# Q01

## ぜひ京都に来てくださいね

「ぜひ京都に来てくださいね」と言いたいとき、＿＿ に何を入れる？

You ＿＿ come to Kyoto.

**DANGER!** *I want you to come to Kyoto.*

**こう伝わる！** 君には京都に来てもらいたいのだ。

*I want you to come ...* は「君に、来て欲しいのだ」という感じで、ほぼ命令。I want you to come to Kyoto. No excuses.（君には京都に来てもらう。言い訳はいいから！）と相手を呼び出すような状況で使う。

**ネイティブはこう言う**

# You must come to Kyoto.

**ぜひ京都に来てくださいね。**

must というと「しなければならない」という意味を思い浮かべがちだが、You must come to ... は「ぜひ来てくださいね！」という意味。

You must come to Kyoto. It's so beautiful!（ぜひ京都に来てくださいね。美しいですよ！）という感じで使う。

A: I've never had sushi before.
すしは一度も食べたことがないんだ。

B: You must try it. I'm sure you'd like it.
ぜひ食べてみて。きっと気に入ると思うよ！

# Q02

# 今日は中華料理って気分じゃないんだ

「今日は中華料理って気分じゃないんだ」と言いたいとき、
____ に何を入れる？

I'd ____ not have Chinese today.

---

**笑われる！** *I don't want to eat Chinese today.*

**こう伝わる！** 今日は中華料理は食べたくないよ〜。

*I don't want to ...* はちょっと子供っぽい言い方。子供が母親
に *I don't want to go to school.*（学校、行きたくないよ〜）と
使う感じ。

---

**ネイティブは こう言う** # I'd rather not have Chinese today.

### 今日は中華料理って感じじゃないなぁ。

**I'd rather not ...** を使えば「どちらかと言うと、…は嫌かな」
という感じでやんわり「やりたくない」気持ちを表すことがで
きる。あるいは、**not in the mood for** を使った、
**I'm not in the mood for Chinese today.**
（今日は中華っていう気分じゃないんだ）
というフレーズでもOK。

---

### 応用してみよう

① 「使える」 I don't want

115

「…はやりたくない」という意味で使うと子供っぽくなる I don't want だが、「使える」ケースもある。それは相手への思いやりの気持ちを表すケース。こんな感じなら使える。

**I don't want to be rude.　失礼なことはしたくないんだ。**

**I don't want to wake you up.　あなたを起こしたくないの。**

## ② I'd rather not have Chinese today. よりポジティブな表現はこれ！

「やりたくない」と言いたいとき、I don't want より **I'd rather not** の方が相手を嫌な気分にさせないことは確かだが、それよりベターなのは、**I'd rather** を使って自分の気持ちをポジティブに表すこと。たとえばこんな感じで。

I'd rather not have Chinese today.

**I'd rather have Italian today.**
**今日は（中華より）イタリアンって気分かな。**

I'd rather not go to a movie.

**I'd rather go to the theater.**
**（映画より）観劇の方がいいかも。**

I'd rather not go shopping.

**I'd rather do something else.**
**（買物より）なにか別のことをしたいなぁ。**

# Q03
# 何かあったらとにかく私に電話して

はじめてひとりで営業に行くことになった後輩。不安そうな彼に「何かあったらとにかく、私に電話して」と言いたいとき、*In any case, call me.* ではどんな意味になる？

**DANGER!** *In any case, call me.*

**こう伝わる！** つべこべ言わず、私に電話しなさい！

日本人は「とにかく＝in any case」という「変換」をしてしまう人が多い。けれど in any case はつべこべ言う相手に対して「うん、うん、わかったから、まぁ、とにかく…」とイライラしている気持ちを表してしまうフレーズなので注意。

**ネイティブはこう言う**
# In case something happens, call me.

**何かあったらとにかく、私に電話して。**

「とにかく」にはいろいろな状況が考えられるが、そのひとつ「何かあったらとにかく」の場合は In case something happens, ... と言う。If something happens, ... でもＯＫ。

# Q04
# 質問してもいいですか？

職場で上司に、「質問してもいいですか？」と言いたいとき、
適しているのはどっち？

① May I ask you a question?
② Can I ask a question?

**DANGER!** *May I ask you a question?*

**こう伝わる！** ちょっと、あなたに質問してもよろしいですか
ね？

ここでの問題はふたつ。

まずは *May ...?* の使い方だ（コラム参照）。丁寧すぎるケース
もあれば、逆に子供っぽく響くこともあるのだ。

ふたつめは you を入れている点。*May I ask a question?* なら
まだいいが、May I ask you a question? とわかりきった you
をわざわざ入れた（特に you をちょっと強調した）表現は、
実は相手に不満を持っているときに使うワザ。相手が何度もば
かげた失敗をしたときなどに、こんな感じで皮肉を言うのだ。

> **May I ask you a question? Why are you so
> stupid?**
> ちょっとあなたにお尋ねしますが、どうしてそんなにばか
> なの？

 **Can I ask a question?**

### 質問してもいいですか？

can ではカジュアルすぎるのでは、と思うかもしれないが、
**Can I ...?** はナチュラルな尋ね方。職場でも使える。けれど「もっと丁寧に言いたい」と思う人には、
**Could I ask a question?** がおすすめだ。

## もっと知りたい may のネイティブ使い

*May I ...?* という表現は、丁寧だと思っている人が多いと思うが、実はこれは、「…してもいい〜？」と言うときに、子供がよく使う表現。会社で頻繁に使うのはおすすめできない。
ちなみに、店で店員さんが

**May I help you?**
**How may I help you?**

と言うが、これは「いらっしゃいませ。なにか承りましょうか？」という決まり文句なので、子供っぽい言い方にはならない。
またレストランで注文する際、

**May I have a cup of coffee?**

と言うのもOK。これは「コーヒーをお願いします」という一種の「命令」を丁寧な形にしたものだからだ。
注意が必要なのは、友達の家でこう言うと不自然な言い方になるという点。注文ではないからだ。その場合、

**Could I have a cup of coffee?**
**コーヒー飲んでもいいですか？**

**Do you have coffee?**
**コーヒーあるかな？**

のような表現が適している。

日常会話で **may** を使うのは、大抵「…かもしれない」と言いたいとき。

こんな感じで使う。

**I may be wrong.　　私が間違ってるかもしれませんが。**

自分の意見を言う前に、念のため言っておくと謙虚さを表すことができる。

**┃I may have to ask you for help.**
**┃援助をお願いしなければならないかもしれません。**

なにか頼むことになりそうなときに、あらかじめ言っておくと、相手もちょっと心構えしてくれるはず。

**┃We may not have enough time.**
**┃時間たっぷりというわけにはいかないかも。**

食事に誘われたときなどに、「ゆっくりはできないかもしれないけどね」とあらかじめ断っておきたいときのフレーズ。

# Q05
# それ、金曜日までにできますか？

仕事を依頼する場面で「それ、金曜日までにできますか？」と尋ねたいとき、*Can you finish it by Friday?* の印象は？

**DANGER!** *Can you finish it by Friday?*

**こう伝わる！** それ、金曜日までにできる？できない？どっち？

親しい相手ならＯＫだが、仕事を頼むときなどに、*Can you ...?* と聞くと、相手はちょっとプレッシャー。「できる？できない？どっち？」と迫られているように感じる。

 # Would it be possible to finish it by Friday?

### それ、金曜日までに終えられるでしょうか？

**Would it be possible to...?** の方がソフト。これは Would を用いているからというより、*you* を使っていないから。you を使うと「責任はあなたにある」というニュアンスが含まれてしまう。

そのため Would it be possible for you to finish by Friday? とするとやはりプレッシャーが生じてしまう。

# Q06
# 私のスーツケース、どこにあるか知らない？

「私のスーツケース、どこにあるか知らないかな？」と聞きたい。相手を気遣う言い方にしたいとき、＿＿ は？
**Do you ＿＿ ＿＿ know where my suitcase is?**

**DANGER!** *Don't you know where my suitcase is?*

**こう伝わる!** 私のスーツケース、どこにあるか知らないの？知ってるでしょ。

日本語では相手に遠慮して「知らないよね？」と「否定形」で聞くことがあるが、英語で *Don't you know ...?* と言うと「知

らないの？知ってるでしょ？」という意味に！　これでは相手
を責めている感じになってしまう。

**ネイティブはこう言う** **Do you happen to know where my suitcase is?**
ひょっとして、私のスーツケースがどこにあるか
知ってる？

相手に配慮したいときは、**Do you happen to know ...?**
とするのがおすすめ。「知らなくて当然だけど、ひょっとして
知らない？」というニュアンスをうまく出すことができるのだ。

## Q07
# 美術館はどこですか？

「道をお尋ねしたいのですが。美術館はどこですか？」と言いた
いとき、*I want to ask the road. Where's the museum?* と言うと
どんな意味になる？

**笑われる！** *I want to ask the road. Where's the museum?*

**こう伝わる！** 道に向かって質問したい。美術館、どこ？

まずは *ask the road* がNG。これでは「道に尋ねる」という意
味に。また、知らない人に向かって *Where's the museum?* では、
ちょっとぶっきらぼう。

# Could you help me? I need to get to the museum.

**ちょっとお尋ねしてもいいですか。美術館へ行きたいのですが。**

ポイントはふたつ。

①とにかく知らない人に声をかけるとき、どんなシーンでもまずは **Could you help me?** と言うと覚えておけば大丈夫。

②「美術館はどこ？」は **I need to get to the museum.**（美術館へ行きたいのですが）と言い換えると上品に。

### 道を尋ねたいときのバリエーション

**Could you give me directions?**
道を教えていただけますか？

**Could you help me find the museum?**
すみません、美術館を探しているのですが。

**Could you point me to the museum?**
すみませんが、美術館の方向を教えてもらえますか？

## Q08
## ぼく、テニスが結構うまいんだ

「ぼく、テニスが結構うまいんだ」とちょっと謙遜しながら言いたいとき、＿＿＿ に何を入れる？

____, I'm really good at tennis.

**DANGER!** *I'm really good at tennis.*

こう伝わる! ぼく、テニスすっごくうまいんだぜ。

自慢しているように受け取られる可能性「大」。

ネイティブはこう言う # Actually, I'm really good at tennis.

**実はその、テニスは結構できるかも。**

「actually ＝本当は」と覚えた人が多いと思う。その意味でも使うが、「実はね、その、ちょっと」という感じで、これから言うことを謙虚に伝えようとするときにも使えるのだ。

coffee
break
4

# なぞなぞで英語頭に！その2

なぞなぞで、語彙力試しをしてみましょう。2章とはちょっと違った方向から攻めてみます。では1問目。

**Riddle 1** When is a department store like a boat?

問題は「デパートがボートみたいになるときって、いつでしょう？」ということ。

答えは、**When it has sales.** （それはセールのとき）

これはどういうことかわかりますか？ sail「帆」と sale「セール」が同音異義語であることからのひっかけなのです。このような遊びを通して同音異義語を学べるのです。では、もう一問。

**Riddle 2** Why are all numbers afraid of number seven?

問題は「どうしてすべての数字は7という数字をこわがっているのでしょう？」という意味。

答えは、**Because seven eight nine.**

わかりますか？ 7、8、9と数字を並べると、seven eight nine となりますが、ここで、eight を同音異義語の ate（食べた）に変えて読んでみると？「7が9を食べちゃったから」ということに。仲間内のメールなどでは「8」を ate の代わりに使ったりすることもあります。他にも数字で表すことができる単語には、こんなものがあります。

won → 1、 to → 2、 for → 4

# Q09
# コーヒーを飲んでもいいですよ

「コーヒーを飲んでもいいですよ」と言いたいとき、
*You may have some coffee.* ではどこがおかしい？

**DANGER!** *You may have some coffee.*

**こう伝わる!** コーヒーを飲むことを許してあげましょう。

「してもいい」は **may** だと覚えた人が多いと思うが、これで
は母親や先生が子供に「はい、やってもよろしい」と言ってい
る感じ。

**ネイティブはこう言う** # You can have some coffee.
### コーヒーをどうぞ！

相手に許可を与えるときは、ナチュラルな会話では can を用
いるのがネイティブ流。こんな感じで使う。

You may sit down. （おかけなさい）
＊上から目線

⇩

**You can have a seat. 座ってね！**
カジュアル

ここでのポイントはふたつ。① may を **can** にする。② sit
down（これでは「着席」「座れ」という意味になる）を **have
a seat**（「座って」というカジュアルな表現）にする。

# Q 10
# パーティー、行けるとよかったんだけど

友人主催のパーティーに行けなかった。
残念な気持ちを表したいとき、＿＿ に何を入れる？
I wish I ＿＿ ＿＿ gone to your party yesterday.

**ついこう言うけど！** *I didn't have time to go to your party yesterday. I feel really bad about it.*

**こう伝わる！** 昨日は君のパーティーに行く時間がなかったの
です。本当に本当に後悔しています。

前半の I didn't have time to go to your party yesterday. はち
ょっと言い訳めいて聞こえる可能性がある。

そして I feel really bad about it. は「罪悪感に耐えられません、
本当に後悔しています」というニュアンス。たとえば、I stole
your money. I feel really bad about it.（あなたのお金を盗みま
した。本当に後悔しています）という状況で使う表現なのだ。

**ネイティブはこう言う**
# I wish I could have gone to your party yesterday.

昨日、君のパーティーに行けるとよかったんだけど。

残念な気持ちを込めた、上手な謝り方のコツは **I wish I
could have …** というフレーズを使うこと。**have** の後には
もちろん動詞の過去分詞を使う。これで「できれば…したかっ
たんだけど、できずにごめんなさい」という気持ちが品よく伝
わる。

## I'm sorry. をあまり頻繁に言うと…

ネイティブから見ると、日本人はあまりに頻繁に *I'm sorry.* と言っているように感じられる。場合によっては、ちょっとへりくだりすぎ、という印象を与えることも。

特に、相手が個人的に損害や被害を受けていない場合や、相手がそれほどガッカリしていない場合には、*I'm sorry.* や *I would like to apologize.* などの謝罪の言葉は言わなくてもいいケースが多いのだ。

もちろんその場の状況によって異なってくるが、**I wish I could ...** くらいのフレーズで大丈夫なケースをみてみよう。

I'm sorry I wasn't able to go shopping with you yesterday.
昨日、君とショッピングに行けなくて、ごめん。

**I wish I could have gone shopping with you yesterday.**
**昨日、君とショッピングに行けるとよかったんだけど、ごめんね。**

I would like to apologize for not going to your presentation.
あなたのプレゼンに行けなかったことを、謝りたいと思います。

**I wish I could have gone to your presentation.**
**あなたのプレゼン、行けるとよかったんだけど、ごめんね。**

# Q 11
# そんなこと、とてもできない

I'd like you to have my mother's old necklace.（あなたに母の古いネックレスをもらって欲しい）と言われ「そんなこと、とてもできない」と言いたいときはどっち？

① I'd better not.
② I couldn't possibly.

**DANGER!** *I'd better not.*

こう伝わる！ もらわないでおいた方がいいだろうね。

これだと、「もらわないでおいた方がいいだろうね」「後で厄介なことになりかねないから、やめとくよ」というニュアンスになってしまう。

**ネイティブはこう言う** I couldn't possibly.
そんなこと、とてもできないわ。

「possibly ＝多分」と覚えた人もいると思うが、**couldn't** と組み合わせると「どうしても…できない、とても考えられない」というニュアンスが出せるのだ。

I couldn't possibly live without you.
あなたなしではとても生きられない。

のような文章の他、ここでの例のように、相手からの身に余る心遣いなどに対して「そんな、そんな」と言いたいときにも **I couldn't possibly.** が使える。**I can't.** も同じような状況

で使えるが、I couldn't possibly. の方が申し出について「びっくり」した気持ちが大きいという印象を与える。

## Q12
# もう行かなきゃ

「もう行かなきゃ」と言いたいとき、＿＿＿ に何を入れると相手への気遣いを表せる？
＿＿＿ ＿＿＿ **I have to go.**

**DANGER!** *I have to go.*
**こう伝わる！** 行かなきゃ。
状況にもよるが、前置きなく唐突に切り出すと、ぶっきらぼうな感じに。

**ネイティブはこう言う**
# I'm afraid I have to go.
### 申し訳ないけど、そろそろ行かなきゃ。

なにか相手がガッカリすることを切り出すときには、前置きとして **I'm afraid** を使うだけで、心配りの感じられる表現になる。さらに **I'm afraid I have to be going.** と言うとよりやんわりした表現に。

# Q 13
# できれば行きたいのですが

映画に誘われたが、断りたい。「できれば行きたいのですが」
はどっち？

① I hope I can.
② I wish I could.

### 誤解される！ *I hope I can.*
**こう伝わる！ 行けるよう頑張ります。**

*I hope I can.* も「行けるといいのですが」という意味だが、こ
れだと「行けない可能性もあるが、なるべくなら行きたいです」
というニュアンスになり「断っている」とは受け取られない。
また *I'm sorry, but I can't.* では「悪いけど、どうしてもいけ
ないんだ」というニュアンスになり、ちょっと強すぎてそぐわ
ない状況もある。

### ネイティブはこう言う *I wish I could.*
**できれば行きたいのですが、だめなんです。**

**I wish I could.** なら「行けるといいのですが、無理なんです」
というふうに「だめ」の部分まで含むので、上品な断り方とし
て使える。

```
I hope I can. と I wish I could. の会話比較
```

① I hope I can. 編

A: Can you get reservations to the concert?
　コンサートの予約、取ってもらえるかなぁ？

B: I hope I can. It might be too late.
　もしできればね。もしかすると、遅すぎるかもしれない
　けど。

② I wish I could. 編

A: Why don't you come camping with us this
　weekend?
　今週末、私達と一緒にキャンプに行かない？

B: I wish I could. I'm busy.
　行けたらいいんだけど。忙しくて。

## アメリカ人と I'm sorry, but ...

この章では、過度に I'm sorry. と言い過ぎない方がいい
とアドバイスしましたが、アメリカ人だってもちろん I'm
sorry. と言います。けれど、そこにはアメリカ人流の「言
い方」があるのです！

もしかすると日本人は「もしアメリカで自動車事故に巻き
込まれたら、謝ってはいけない。そんなことをしたら、事
故の全責任をかぶることになるからね」というイメージを
持っているのでは？　けれどアメリカ人も事故を起こした
ときは謝るのです。ただし、単に I'm sorry. で終わらせ
ることはありません。**I'm sorry, but...**　という形にし
て、but の後に「事故の理由」を続けるのです。たとえば
こんな感じ。

**I'm sorry, but you were driving too fast.**
すみません、でもあなたがスピードを出しすぎていたので。

**I'm sorry, but your turn signal wasn't on.**
すみません、でもあなたがウィンカーをつけなかったので。

**I'm sorry** と **but** はセットと考えてもいいくらいなので
す！日本には「下手な言い訳はせず潔く謝る」という美学
がありますね。言い訳しようとした途端、「つべこべ言うな」
と一喝されることさえ…。

日本のドキュメンタリー番組でこんなシーンがありまし
た。キセル乗車をした人を鉄道会社の係員が捕まえたので

すが、相手が罪を認めて謝ったので、許してもらえたのです。けれどもし謝らなければ、警察を呼んで逮捕される、ということになったでしょう。

これを見て「アメリカではありえない！」と思いました。アメリカ人の考え方はこうです。罪は、自分のやったこと自体にあるもので、謝る、謝らないには関係ない。そのためこのケースでは、アメリカでは、謝罪には価値がないのです。

以前、日本のある企業から仕事の依頼を受けました。顧客であるアメリカ企業との間にトラブルが起こり、手紙を書いて解決をはかろうとしているけれど、なかなかうまくいかないということで、アドバイスを頼まれたのです。

その企業が既に先方に送っていた手紙を見てみると、謝罪の言葉がこれでもかというほどたくさん並んでいました。そしてアメリカの企業からの返事はこうでした。

**We don't want an apology ー we want a solution!**
**謝って欲しいのではなく、解決法を示して欲しいのだ。**
謝罪の言葉を並べる代わりに、こんなふうに書いておけばよかったのです。

**I'm sorry, but this problem started three years ago...**
**申し訳ありませんでした、しかしこの問題は３年前に端を発しているもので…。**
この後に問題の原因をきっちり説明し、続けて解決法を提案する。それが事態を好転させる手立てなのです。

# 5章

$\bullet\bullet\bullet\bullet\bullet\bullet\bullet\bullet\bullet\bullet\bullet\bullet\bullet\bullet\bullet\bullet\bullet\bullet\bullet\bullet\bullet\bullet\bullet\bullet$

# たった2単語でバッチリ伝わる！
# 「決まり文句」

$\bullet\bullet\bullet\bullet\bullet\bullet\bullet\bullet\bullet\bullet\bullet\bullet\bullet\bullet\bullet\bullet\bullet\bullet\bullet\bullet\bullet\bullet\bullet\bullet$

会話で大活躍する「決まり文句」
……伝えたい気持ちをワンフレーズでうまく言えるスグレモノ。
どんなときにどんなフレーズを使うのか、要チェック！

# Q01

## 楽勝です

「この仕事、月曜までに仕上げられそう？」と尋ねられ、
「楽勝です」と答えたいとき、＿＿＿ に何を入れる？
＿＿＿ sweat.

 *Doing that will be very easy.*

**こう伝わる！** それをやることはとても簡単です。

カジュアル感がないので、「いいよ！」という気持ちが伝わり
にくい。

## No sweat.

**お安いご用です。**

No sweat. は直訳すると「汗もかかない」、転じて「汗もか
かないほど簡単なことだ」という意味。「楽勝さ」「ちょろいちょ
ろい」「お安いご用さ」という感じで、頼まれ事を快く引き
受けるときの決まり文句。
**Piece of cake.** や **No problem.** も同じ意味。

# Q02

## 本当？

I'm getting married!（結婚するんだ）という相手に、「本当？」
と言いたいとき、＿＿＿ に何を入れる？
For ＿＿＿?

**DANGER!** *Is that really true?*

**こう伝わる！** それは本当ですかね？

これでは相手を疑ってかかっているような失礼な言い方になってしまう。

 **For real?**

**本当に？**

相手が信じ難いことを口にしたときの「ほんとに？」という表現、英語では **Really?** と並んで、**For real?** というフレーズがよく使われる。これなら反射的な反応なので、同じ疑いでも、軽く聞こえる。似た表現に **For sure?** もあるが、これは「確かにそうなの？」という意味。

**For serious?** もよく使う。これは「マジで？」という感じ。

# Q03
# 窓、閉めてくれる？

「窓、閉めてくれる？」と言われ、「うん、わかったよ」と返したいとき、＿＿ に何を入れる？

＿＿ it.

**やりがちまちがい！** *All right, I understand.*

**こう伝わる！** はい、了解いたしました。

目上の人に「了解いたしました」と返事をする場合は、これでいいが、友達同士の場合はかしこまりすぎ。

# Got it.

### わかったよ。

get には「理解する」という意味があり、I got it. で「わかりました」という意味に。これをさらに省略したカジュアルな表現が Got it. で、「わかった」「オッケー」「了解」という感じのネイティブらしいひと言。

また、Got it? と語尾を上がり調子で発音すれば、「わかった？」と尋ねるひと言に。

## 会話ではこんな感じで使う

A: I'll meet you on the 5th floor at 6:00. Got it?
6時に5階で会いましょう。わかった？

B: Got it.  The 6th floor at 5:00.
オッケー。5時に6階だね。

A: No, I said the 5th floor at 6:00.
違う、6時に5階だってば。


A: I've been waiting for you for 20 minutes.
もう20分も待ってるんだけどぉ。

B: You said the 6th floor.
君、6階って言ったじゃないか。

A: No, I said the 5th floor.  Got it?
違う、5階って言ったの。わかった！？

B: Oh, sorry.
ああ、ごめん。

# Q04

## 楽しんできてね

遊びに行く友人に、「楽しんできてね」と言いたいとき、＿＿に何を入れる？

Have ＿＿.

**かしこまり表現** *Please have a fun time.*

**こう伝わる！** どうぞよい時間をお過ごしください。

友人に対してはかしこまりすぎ。フォーマルな場や、上司に対して言う場合は、これでOK。

 **Have fun.**

### 楽しんできてね！

Have fun. はどこかに出かけて行く人に対して「楽しんできてね」とフレンドリーに声をかけたいときのフレーズ。

## 「ほどほどに」はなんと言う？

Have fun. にもうひと言加えると、「ほどほどにね」という意味になる。それは

**Have fun, but not too much.**

**楽しんできてね、でもほどほどに！**

というフレーズ。

not too much は「度を越さない程度に」という意味。ちょっとユーモア交じりに言いたいときによく使う表現なので、ぜひ覚えておこう。

# Q05

## 私、行く！

Who wants to go bowling tonight?（今夜、ボーリング行きたい人？）と聞かれ「私、行く！」と言いたいとき、____に何を入れる？

I'm ____.

**かんにまりません！** *I would like to go.*

**こう伝わる！** 私、行きたいと思います。

カジュアル感がなく、「行きたい！」という気持ちが伝わらない。また、遠慮した感じなので友人に対してはちょっとそぐわない。

**ネイティブは こう言う** **I'm game.**

I'm game. は「私も行く！」「私も入れて」という感じで、なにかに参加する意思を示すときのフレーズ。この場合のgame は「…する元気がある、やる気がある」という意味の形容詞。

# Q06

## 興味ある！

「来週、登山に行く人？」と聞かれ、「興味ある！」と言いたいとき、＿＿＿ に何を入れる？

I'm ___.

### おしまり文句！ *I'm interested in doing that.*
**こう伝わる！ 私はそれをやることに興味があります。**

何かについて真剣にやりたい、という気持ちを、フォーマルな場で発言する場合はこれでOKだが、カジュアルな場では固すぎ。

### ネイティブはこう言う I'm in.
**その話、乗った！**

I'm in. は「私も入れて」「その話、乗った」といったニュアンスで、話題に上っていることに自分も参加したいという意向を表明するときのひと言。

前項目の I'm game. の場合、「簡単に楽しめそう」なものについて使うことが多いのに対し、この I'm in. は「楽しいこと」とは限らない。こちらはもっと「難しそうなプロジェクト」や「会社の設立」などにも使えるのだ。

ちなみに、I'm out. で「私はやめとく」という逆の意味に。

> **I'm in. と I'm out. のネイティブ使い**

実際にこんな感じで使ってみよう。

A: Who wants to go mountain climbing with me next week? 来週僕と登山に行きたい人、いる？

B: I'm in. But what mountain? 行きたい！でもどこの山？

A: Mt. Everest. エベレストだよ。

B: I'm out. やめとく…。

# Q07
# うーん、ぼくにもわからない

質問してきた相手に、「うーん、ぼくにもわからない」と返したいとき、＿＿ に何を入れる？

＿＿ question.

**DANGER!** *I don't know the answer to that question.*

**こう伝わる！** ぼくはその質問の答え、知らないな。

意味自体はこれで通じるが、相手の質問をあまり真剣に考えず、とりあえず「さあ、知らない」と答えているような印象を与えてしまう。

## Good question.
### うーん、ぼくにもわからない！

こんなときに使えるのが Good question.。直訳の「いい質

問だ」という意味で使うこともあるが、「鋭い質問だね！私に
もわからないよ」というときにも使える便利なフレーズなのだ。
これなら相手の質問をほめつつ、「わからない」と言っている
わけなので、相手の質問を真剣に考えた結果の答えということ
にもなる。

ちなみに、答えは Difficult. かなと思った人もいるかもしれな
いが、その場合、

*That's a difficult question.*

という言い方をするのがふつうであるし、その言い方とニュ
アンス的には「それは難しい問題ですね」という深刻な感じに
なってしまう。

## Good question. の後に…

「いい質問だ」と言った後、答えを言わずにそのまま黙り込めば、
自然と「自分にもわからない」という気持ちが伝わるので、単
に **Good question.** だけで終わらせるケースも多い。

けれど、「自分にもわからない」ことを明確にさせたい場合は、
Good question. の後に、「自分にもわからない」というニュア
ンスの言葉を続ける。

**Good question, but I really don't know.**
**いい質問だね、でも私にも本当にわからない。**

**Good question, but I'm afraid I don't know.**
**いい質問だね、でも悪いけど、私にもわからない。**

# Q08

# すごく似合ってるよ

「この服、似合う？」と尋ねられ、「すごく似合ってるよ」とほめたいとき、____に何を入れる？

It's ____!

 *It looks really good on you.*

君に大変似合っていると思います。

理性的な表現なので、感情がうまく込められない。口先だけでほめているような印象に受け取られることも。

# It's you!

### 君にピッタリだね！

It's you! は「君にピッタリだ！」「すごく君っぽいね～！」というニュアンスのほめ言葉。

他に、思いがけない場所で友人とばったり出会ったときに、「君じゃないか！」「あなたね！」という意味でも使える。

## It's you! の使い方

実際の会話ではこんな感じで使う。

① 「君にピッタリ」編

A: **What do you think about this hat?  Does it look good on me?**
この帽子どう思う？　似合うかな？

B: It's you!  It matches your face perfectly.
　　君にピッタリだ！　君の顔にすごく合ってるよ。

② 「あなたね！」編
帽子を買うことに決め、レジへ…。

A: Hi, how much is this hat?
　　あの、この帽子おいくらですか？
B: Mary?  It's you!
　　メアリー？　わぁ、君じゃないか！
A: Tom?  I haven't seen you since high school!
　　トム？　高校のとき以来ね！

# Q09
# まったくついてるね

宝くじが当たったという友人に、「まったくついてるね」と言いたいとき、＿＿ に何を入れる？
＿＿ you!

**誤解される！** *You're a very lucky person.*
**こう伝わる！** あなたは本当にラッキーな人ですね。
頭の中でいろいろ考えてから発した言葉という印象で、親しみが感じられない。「本当に自分のことをラッキーだと思ってくれているのかな？」と疑われるかも。

# Lucky you!

**ついてるなぁ！**

**Lucky you!** は日本語の「まったくついてるなぁ」「うまくやったね！」「うらやましいよ！」という感じのひと言。これなら思わず出た反応なので親しみを込めて心から言っているように聞こえる。

## You're lucky. とのニュアンスの違い

*You're lucky.* という言い方もあるが、**Lucky you!** の方がより素直に言っている印象を与える。

*You're lucky.* は「あなたの場合は運があるね」つまり「うらやましいな」、さらに深読みすると「あなたは運がいいから大丈夫だけど、それにひきかえ私みたいなかわいそうな人はねぇ…」と重い言葉に聞こえることもあるのだ。

# Q 10

# やだね

買ったばかりのバイクを「貸して」と言ってくる相手に、
「やだね」と断りたいとき、＿＿ に何を入れる？
＿＿ doing.

**DANGER!** *I am not going to do that.*

**こう伝わる！** ぼくは、そんなこと絶対にしないつもりだから。

友達に対する返事としてはまじめすぎる。また、イントネーシ

ョンによっては怒っているようにも聞こえる。

## **Nothing doing.**

### 絶対に、ヤダ。

**Nothing doing.** は「絶対に、ヤダ」「いやだね」「お断り！」
と、きっぱりした拒絶を表すひと言。とはいえ、リズミカルに
韻を踏んだフレーズなので、怒っているような印象は与えない。
発音は [ ナッンドゥイン ] という感じ。

会話ではこんな感じで使う。

> A: I'll give you $400 for your bike.
> 君の自転車、400 ドルで買ってあげるよ。
> B: Nothing doing. It's worth twice that much.
> お断りだね。実際その 2 倍はするんだから。

「自転車」は bicycle だと思っているかもしれないが、英語で
は「自転車」を bike と言うことも多い。

## Q 11
# 大丈夫、必要ないよ

「お弁当買ってこようか？」と言ってくれる同僚に、
（持ってきたから）「必要ないよ」と返したいとき、＿＿＿ に何
を入れる？

No ＿＿＿.

**DANGER!** *That's not needed.*

**こう伝わる！** そんなこと必要ないから、やめときなさい。

これでは深刻な状況で、「そんなことやめておきなさい」と相手をいさめているような感じになってしまう。

**ネイティブは こう言う** # No need.

**大丈夫、必要ないよ。**

**No need.** は「そんな必要ないよ」「いいよ、大丈夫」というカジュアルなひと言。助力や申し出をさりげなく断りたいときに便利なフレーズ。これなら相手も嫌な気分にならない。

## ネイティブ流、断り方のバリエーション

**Don't bother.　気にしないで。**

謙遜した感じ。Don't bother yourself.（あなた自身を悩ませないで）の略。

**Don't worry about it.　心配しなくていいよ。**

フレンドリーな感じ。

**I'm okay.　僕はいいよ。**

あっさりしたシンプルなフレーズ。

# こんなに使える Take it easy.

「ひと言フレーズ」には、ひとつの意味だけでなく、いろいろな意味がある場合があります。たとえば、ポピュラーなフレーズ、

**Take it easy.**

この Take it easy.、多分みなさんが考えている以上に、いろいろな状況で使えます。たとえば次のような場合、すべて Take it easy. を使うことができるのです。

●別れ際のあいさつとして「さよなら：気をつけてね」といった意味で使われます。また出掛ける人に向かって「いってらっしゃい」という感じでも用います。
●何かを焦ってやっている人に対して、
「落ち着いて、焦らないで」
●働きすぎている人に対して、
「無理をしないで、のんびり構えてね」
●緊張している人に対して、
「気を楽にもって！」
●怒っている人に対して、
「まあ、そう、とんがるなって」
●ゲームやスポーツなどの対戦相手に対して、冗談交じりに
「お手柔らかに願います」
＊この意味の場合、

**Take it easy on me.**

というふうに on me を付けることが多い。

# Q 12

## だまされないぞ

「この中古パソコン、1万円で売ってあげるよ」とふっかけて
くる相手に、「だまされないぞ」と返したいとき、＿＿ に何を
入れる？

＿＿ try.

**DANGER!** *You can't cheat me.*

**こう伝わる!** 君なんかに私をだますことができるものか。

「君には、私をだますような才覚はないよ」という感じで、ち
ょっと相手をバカにした言い方になる。

**ネイティブは こう言う** ## Nice try.

### そうはいくか。

**Nice try.** はもともと「がんばったね」と相手をほめるとき
のひと言。

けれど、下心やなんらかの魂胆を持って自分をだまそうとする
相手に対して「うまくやったつもりだろうけど、そうはいくか」
「だまされないぞ」という皮肉として使うことも多いのだ。

相手に魂胆がある場合には、こんな皮肉で軽く切り返したいも
の。

### Nice try. はこんな感じで使う

① 「がんばったね」編

A: How did you do in the yacht race?
ヨットレース、どうだった？
B: Not very good. I finished 5th.
あんまりよくない。5位だった。
A: Nice try. Did you get anything?
がんばったじゃない。なにか商品もらったの？
B: Just this t-shirt.
このTシャツだけね。

② 「だまされないぞ」編

A: I'll sell you this T-shirt for $50.
このTシャツ、50ドルで売ってあげるよ。
B: Nice try. I know it's a consolation prize.
その手には乗らないよ。それ、残念賞でもらったやつじゃないか。
A: But it's a nice shirt.
けど、なかなかいいシャツでしょ。
B: It's not worth $3.
そんなの3ドルの値打ちもないよ！

consolation は「なぐさめ」という意味。consolation prize は「残念賞」のこと。
worth は「…の価値がある」という意味。

# Q 13

## 間違いない

「確かにここに財布を置いたの？」と確認してくる相手に、
「間違いない」と返したいとき、＿＿ に何を入れる？
＿＿ doubt.

**カレ言うなら** *I don't doubt that.*

**こう伝わる!** そのことについては疑いはない。

真剣なやりとりで、なにかの論理についての意見を述べている
ように聞こえる。

**ネイティブはこう言う** **No doubt.**

**No doubt.** は There is no doubt about it. の短縮形で、「間違
いない」「絶対そう」「確かだ」というときのひと言。

### ネイティブ流、「確かです」のバリエーション

**No question.　間違いありません。**

ビジネスの場で使えるフレーズ。

**I'm positive.　絶対にそうです。**

ちょっと深刻な場合にも使える。場合によっては必死な気持ち
を表すこともある。

**I'm sure.　間違いないよ。**

カジュアルな響き。

# Q14

## ぼちぼちってとこかなぁ

How are you? と言われ、「ぼちぼちってとこかなぁ」と返したいとき、＿＿ に何を入れる？
Can't ＿＿.

**笑われる!** *I'm pretty good, so I don't have any complaints.*

**こう伝わる!** まあまあなのだから、私はなにも文句はない。

「ぼちぼち」は「そんなにいいってわけじゃないけど、まあまあだから文句は言えないな」ということだが、そのまま訳すと長くなって聞く方も大変。

**ネイティブはこう言う**

# Can't complain.
### ぼちぼちってとこ。

これをひと言でうまく表す便利フレーズが **Can't complain.**。これは、**How are you?**（元気？）や、**How's your business?**（景気どう？）のようなあいさつの返事としてもよく使われる。

ただしこのフレーズは、発音のしかたによってニュアンスが変わる。「文句を言おうにも言うことがない」つまり「順調です」というポジティブな意味でも使えるのだ。こんな感じだ。

> A: How do you like working here?
> ここでの仕事、どう？

B: Can't complain.
　順調です。
A: Good, I'm glad you're happy.
　そうか、気に入ってもらえてよかった。

# Q 15

## さあ…

相手の質問に「さあ、ちょっとわからない」と言いたいとき、
____ に何を入れる？
Can't ____.

**DANGER!** *I don't know.*

**こう伝わる！** さあ、知らないねぇ。

「どうかなぁ、わからない」と言うとき、きつい *I don't know.*
と言いがち。けれどそれでは「さあね、こっちの知ったことじ
ゃないよ」という突き放した感じになってしまう。

**ネイティブはこう言う** **Can't say.**

　　さあ…。

**Can't say.** は、自分にわからない質問を投げかけられたとき
に答えにつまって放つカジュアルなひと言。「さあ…」「さあ、
ちょっとわからない」という感じ。

「わからない」にはこんなアレンジも

「わからない」には **Can't say.** の他にいくつか言い方がある。
ニュアンスの違いと併せて覚えておこう。

**Can't say.　さあねぇ。**
ちょっとわからないなぁ、という感じ。

**Couldn't say.　うーん、わからないなぁ。**
どう考えてもわからないという感じ。

**Can't say for sure.　確かってわけじゃないな。**
後に **but** を付けて、次のように言うこともできる。

**Can't say for sure, but I think that's right.
確かってわけじゃないけど、それ、正しいと思うよ。**

**Couldn't say for sure.
うーん、確かってわけじゃないな。**
これも後に **but** を続けることができる。

**Couldn't say for sure, but I think it's going to rain.
確かなわけじゃないけど、雨が降るんじゃないかな。**

# Q 16

# 残念ながらね

「仮免の試験、また落ちたの？」と聞かれ、「残念ながらね」と
できるだけ軽く返したいとき、＿＿＿ に何を入れる？

_____ so.

**ついこう言う！** *I'm afraid that's true.*

**こう伝わる！** 残念ながら、それは本当のことなのです。

こう言うと、何か深刻な問題について「それが事実なのだ。そしてその事実からは逃れられない」というニュアンスに響いてしまう。

**ネイティブはこう言う** # Fraid so.

**残念ながらね…。**

Fraid so. は I'm afraid so. の短縮形。「残念ながらね…」という感じで、好ましくないことを語るときのひと言で、深刻な雰囲気にしたくないときにピッタリ。

## I'm afraid so. のニュアンス

I'm afraid so. は、I'm afraid that's true. と Fraid so. の中間的なニュアンス。これらの具体例を見てみよう。

A:You failed the test again for your practice
　permit?
　仮免の試験、また落ちたの？
B: Fraid so.
　残念ながらね…。

A: You lost your passport?
　パスポート、なくしちゃったの？

> B: I'm afraid so.
> 実はそうなんだ…。

> A: You had to cancel your vacation?
> 休暇、キャンセルしなきゃいけないの？
> B: I'm afraid that's true.
> 残念ながら、そういうことなんだ。

ちなみに、軽い感じで「ノー」と言いたいときには Fraid not. というフレーズを使う。

> A: Are you going to the party?
> パーティー、行く？
> B: Fraid not.
> 残念だけど、パス。

# Q17

# ちょっと待って

「さぁ、出かけるぞ」と言う相手に、「ちょっと待って」と言いたいとき、＿＿ に何を入れる？
＿＿ on.

### *Please wait for just a moment.*
**こう伝わる！** どうかほんの少しお待ち頂けませんか。
固い言い方で、カジュアルな会話には不向き。また「せっぱつまった感」が出にくい。

 # Hang on.
## ちょっと待って。

hang on はもともと「しっかりつかまる」「踏ん張る」という意味。これを命令形で使うと「ちょっと待って」という意味のカジュアルなフレーズに。電話口の相手に「電話を切らずにちょっと待って」という場合にも使える。

# Q18
# 乗り気はしないけど、行こうかな…

あまり乗り気でないパーティーについて「乗り気はしないけど、行こうかな…」と言いたいとき、____ に何を入れる？
I ____.

**DANGER!** *I don't want to, but I will.*
**こう伝わる！** 行きたくはないけど、行くよ。

「本当は嫌だけど、行ってあげるよ」という感じで、あまりに率直すぎて失礼。たとえ直接当事者に向かってではなく、第三者に言う場合でも、あまりいい印象を与えない。

## I guess.
## ビミョー、かな。

こんなときネイティブは I guess. を使う。これは「たぶんね」「微妙」という感じのあいまいなひと言。guess を強めに［ゲェース］と伸ばしながら発音すると、「微妙」という気持ちが

うまく伝わる。これは **I guess so.** の so を省き、さらにあい
まいにした表現。

## I guess. の使い方

**I guess.** は会話ではこんなふうに使う。

**I guess.** と言われたら、相手がそれを聞き流さずに「どうか
したの？」と聞き返している点に注目。

A: Are you going to Maria's party?
　マリアのパーティー、行く？
B: I guess.
　まあ、多分ねぇ。
A: What's the matter?
　どうかしたの？
B: I really don't like Maria that much.
　マリアってあんまり好きじゃなくて。

# Q 19
# そういうこともあるよ

仕事でミスをして沈んでいる友達に、「そういうこともあるよ」
と励ましの声をかけたいとき、＿＿ に何を入れる？
It ＿＿.

**DANGER!** *Sometimes things like that happen.*

ときにはそういう種類のことは起こるものだよ。

深刻な感じの発言なので、これではますます雰囲気が暗くなってしまう可能性が。

## It happens.

### そんなもんだって。

**It happens.** は「そういうこともあるよ」「よくあることさ」「ミスはだれにでもあるって」という意味のフレーズ。恋人に浮気されて沈んでいる友人にも、また本人がミスをしてくよくよしている場合にも、励ましの言葉として使える。

こんな感じで使える。

A: Why are you crying?
　どうしたの、泣いたりして。
B: I got fired, and I didn't even do anything wrong.
　クビになっちゃったんだ、悪いことなんかなんにもしてないのに、だよ!
A: It happens.
　そういうこと、ほんとにあるよね。

## Q20

# お好きにどうぞ

こちらが再三止めるのにも耳を貸さず、無理なダイエットをし

ようとする友人に「やりたいようにやれば、うまくいかないだろうけど」と言い放ちたいとき、＿＿ に何を入れる？

＿＿ yourself.

**かんしてまいがちな** *Do what you want, but you probably won't succeed.*

**こう伝わる！** 君がやりたいようにやれよ、きっとうまくいかないだろうけどね。

説明的すぎて、効き目が薄いかも。

**ネイティブはこう言う** # Suit yourself.
**お好きにどうぞ。**

Suit yourself. は「勝手にしろ」「好きにしなさい」「どうぞご勝手に」と冷たく言い放つクールなひと言。ここには「うまくいかないだろうけどね」というニュアンスも含まれる。突き放したシンプルな言い方だけに、効き目もあるかも。

# Q21
# それは賢い買い物だったね

「このパソコン、3万円で買ったの」という相手に、「それは賢い買い物だったね」と言いたいとき、＿＿ に何を入れる？

Good ＿＿.

**かんしてまいがちな** *I think you made a wise purchase.*

**こう伝わる!** それは賢い買い物だったと思います。

まじめすぎる感じ。相手の言葉への反応というより、固い意見を述べている印象。

## **ネイティブはこう言う** Good buy.

### お買い得だったね！

Good buy. は「それはいい買い物したね」と言いたいときの定番フレーズ。ネイティブにこう言われたとき、Good-bye. と勘違いしないように。

会話ではこんな感じで使う。

> A: I got this computer for only $200.
> このコンピュータ、たったの 200 ドルで手に入れたんだ。
> B: Good buy.
> そりゃあお買い得だったね。
> A: You think so?
> そう思う？

### 「お買い得とは言えないね」はこれ

> It's not a very good buy.
> あまりいい買い物じゃないね。

> I wish I could say you got a good buy.
> いい買い物だったって言いたいけど、言えないなぁ。

| I think you paid too much.
| 払いすぎじゃないかな。

# Q22

## ムリムリ！

友人に「新しい会社を立ち上げることにした」と言ったら、
Fat chance. と返ってきた。これってどんな意味？

①きっと成功するよ。
②見込みはないよ。

**DANGER!** *There's almost no chance of that happening.*

**こう伝わる！** それが起こるチャンスはほとんどないと思うよ。

この言い方では極めて深刻な雰囲気になり、相手を落ち込ませることに。

**ネイティブは こう言う** ## Fat chance.

### ムリムリ！

直訳の「太ったチャンス」からすると「たくさんのチャンス」という意味になりそうだが、これは反語。「見込みはほぼゼロ」「まずありえない」と言いたいときのフレーズ。深刻味を出したくないなら、これを使おう。

ちなみに fat の反義語 slim を使った **Slim chance.** も意味は同じ！

# Q23
# たいしたことないって!

悩んでいる友達に「たいしたことないって!」と声をかけたい
とき使えるのはどっち?

① Big deal.
② It's no small deal.

**誤解される!** *It's no small deal.*

これは「それってすごいことだね!」という意味のフレーズ。

 **Big deal.**
### 大したことないって!

**Big deal.** はもちろん「重大な問題だ」という意味。けれど
ネイティブはよく皮肉として「たいした問題じゃない」「どう
でもいいじゃん」という意味で使う。これは皮肉だからこそ軽
さを出せるフレーズ。**It's no big deal.** と同じ意味だが、
**Big deal.** の方がより軽い感じで使える。

## よりフレンドリーに言いたいとき

相手の悩みがより軽い問題で、「全然心配ないよ」と皮肉では
なく、フレンドリーに言いたいときは、
**Don't worry.** 心配ないって。
**It'll be okay.** 大丈夫だから。
というカジュアルなひと言をかけよう。ちなみに、

**It's not as serious as you think.** （それは君が思っているほどの大問題じゃないから）

と言うと、話し手自身が実はその状況を重要なことだと思っているように聞こえる。そのため実際にシリアスな場面ではこちらを使った方がいい場合もある。

## Q24

# また会おうね！

友人と別れ際、「また会おうね！」と言いたいとき、
*I hope to see you again soon.* ではどんな印象になる？

**かつての決まり文句！** *I hope to see you again soon.*

**こう伝わる！** またすぐにお会いできるといいのですが、難しいでしょう。

*I hope to see you again soon.* と言うと丁寧すぎる上、「またすぐ会いたいけど、難しいでしょうね」というニュアンスになるので注意。

 **Bye now.**

またね〜。

**Bye now.** あるいは **Bye for now.** は **See you soon.** とほぼ同じ意味の、よりカジュアルでネイティブっぽい別れのあいさつ。「またね〜」という感じ。**for now** は「今のところは」という意味。相手から **See you.** と言われたときは、同じ **See you.** ではなく、ちょっと違うフレーズで返す方が気が

利いている。こんな感じで。

> A: I have to leave early today.　今日は早めに帰ら
> なきゃ。
> B: Okay, see you tomorrow.　OK。じゃ、また明日。
> A: Bye now.　またね〜。

## Q25
## もっと現実的になれよ

夢のようなことばかり言っている友人に、「現実に目を向けな
よ」とアドバイスしたいとき、＿＿＿ に何を入れる？
Get ＿＿＿.

**外国人は困惑！** *You need to think more realistically.*
**こう伝わる！** 君、もっと現実的に考える必要があるよ。
これでは極めて深刻な響きになり、相手も萎縮してしまうかも。

**ネイティブは こう言う** **Get real.**
**もっと現実的になれよ。**

**Get real.** は、夢みたいなことばかり言っている相手に「も
っと現実的になれ」「現実に目を向けろ」とアドバイスすると
きのひと言。また、軽い感じで言うと「冗談やめてよね」「ま
たまた〜」といったニュアンスにもなる。

会話ではこんな感じで使う。

A: I'm going to start my own company. I'll be a millionaire in less than a year.

自分の会社を興そうと思ってるんだ。一年以内に百万長者になってみせる。

B: Get real. It's not that easy.

夢みたいなこと言うなよ。そんなに甘くないよ。

# Q 26

# お先にどうぞ

「先に退社してもいいかな？」と尋ねてくる同僚に
「お先にどうぞ」と返したいとき、____ に何を入れる？
Go ____.

### 加速和 *Please go first and I'll go later.*

**こう伝わる！** お先にお帰りください、私は後から帰りますから。

長いし形式張った表現。こう言われると、逆に相手は先に帰りにくいかも。

### ネイティブは こう言う Go ahead.

**お先にどうぞ。**

こんなときに使えるのが Go ahead. これなら相手も気兼ねなく先に帰ることができる。

## Go ahead. が使えるいろいろなシチュエーション

① 「お先にどうぞ」の例

A: How long is the meeting going to last?
　会議、どのくらい時間がかかるかな？
B: Probably about three hours.
　3時間くらいでしょう。
A: Do you mind if I leave early?
　お先に失礼してもいいでしょうか？
B: Go ahead.
　どうぞ。

他にもいろいろなシチュエーションで使える。なにかをしても
いいかと尋ねてくる相手に対して使うと「どうぞ、やってくだ
さい」とその行動を促す言葉に。

② 「どうぞ、やってください」の例

A: Is this your new iPad?
　これ、君の新しい iPad？
B: Yeah, I bought it yesterday.
　そう、昨日買ったんだ。
A: Do you mind if I play with it?
　ちょっといじってみてもいい？
B: Go ahead.
　いいよ。

脅しをかけてくる相手に対して使うと「どうぞご勝手に」とい
うひと言になる。

### ③「どうぞご勝手に」の例

A: If you don't increase my pay, I'm going to
quit.
給料を上げてくれないなら、会社を辞めます。
B: Go ahead.
どうぞご勝手に。

また、ケンカをふっかけてくる相手に対して使うと「やるなら
やってみろ！」と受けて立つときのひと言になるのだ（章末コ
ラム参照）。

## アメリカ人と Go ahead, make my day!

**Go ahead.** についてのうんちくをひとつ。このフレーズに、

**Go ahead, make my day!** という形もあります。

これはクリント・イーストウッド主演のダーティー・ハリー・シリーズ4作目、「Sudden Impact」での名台詞。この作品では警官であるハリーが、恋人をレイプした男たちに復讐します。

クライマックスで、ハリーは銃を撃とうとする敵に向かって、

**Go ahead, make my day!**（やれるもんならやってみろ！）

とけしかけるのです。

そして敵が銃を撃とうとした瞬間、ハリーは自分の銃をぶっ放し、男を殺します。相手が銃に手をかけていたので、正当防衛ということになるのです。

Make my day! はもともと「私の一日を楽しくしてね」「楽しませて！」というポジティブな意味。

けれどこの映画で「やれるものならやってみろ、楽しませてくれよ」という皮肉な意味で使われたことから、今では売られたケンカを買うときの常套句にもなったのです。

こう聞くと「クリスチャンの国ならば、敵を許すべきなのでは？」と思う人もいるかもしれませんね。

実際に許す人もいます。

アメリカのこんなドキュメンタリー番組を見ました。１４

歳の少年が、ある少年に殺されました。息子を殺された母親は、葛藤の末、犯人である少年を許し、刑務所へ頻繁に通うようにまでなります。そして少年が釈放されたとき、母親はその少年をまるでわが子のように温かく迎えたのです。

けれど一方でアメリカ人は、もし誰かが自分にとって脅威を感じさせる存在である場合、ハリーのように "Go ahead, make my day." と言い、相手が自分を襲う直前に敵を襲ってもよい、と考えていることも事実。あるいはこの言葉によって、自分の力を誇示し、相手をひるませることで、戦いを避けられるかもしれないとも考えているのです。

アメリカ人にとって、9・11の同時多発テロ事件は痛ましく悲しい出来事でした。

それと同時に、テロリストに襲撃する隙を与えたことを恥ずべきことだとも思い、こんな事態を招いたのは、アメリカが他国に対して寛容すぎたせいだという感情も沸いてきました。

そして新しい戦略が生まれたのです。preemptive strike（先制攻撃）です。これは Bush Doctrine（ブッシュドクトリン）による新戦略思想のひとつで、アメリカに反対するものがあれば、それだけで直ちに攻撃してよいとするもの。

もちろん今はまたそこから時代が動き、オバマ政権になってからは、「核なき世界」を目指すなど、さらに積極的に平和を生み出そうとする方向へと向いつつありますが、な

かなか困難な道でもあるようです。
——オバマ大統領の演説から。
We must stop the spread of nuclear weapons and seek the goal of a world without them.
「我々は核兵器拡散を阻止し、核なき世界という目標に向けて進まなければならない」

# 6章

その単語、もっと便利に話せます

新しい単語を覚えるのって本当に大変。
ところが誰でも知ってるポピュラーな単語を、ネイティブは別
の意味でも使っているのだ！これを活用しない手はない。

# Q01

## green

職場で客から質問されたが答えられない。「ごめんなさい、この仕事はまだ経験が浅いので」と言いたいとき、＿＿ に何を入れる？

Sorry, I'm still ＿＿ at this.

① green
② yellow
③ red
④ blue

### 日本人が知ってる green

My favorite color is green.
私の好きな色は緑。

### ネイティブが使う別の green

Sorry, I'm still green at this.
ごめんなさい、この仕事はまだ経験が浅いので。

日本語では「経験が浅い」ということを「青い」と言うが、英語で blue は「気分の沈んだ」という意味に。また新米のことを「ひよっこ」とも言うが、yellow には yellow journalism（扇情的記事）というイメージが。

英語では green で「新人の、新米の、経験が浅い」という意味を表す。

## 色のイメージに要注意

色のイメージは国によってさまざまなので、ちょっと注意が必要。

たとえば日本では「桃色」に卑猥なニュアンスが込められることがあるが、英語の「桃色」（peach）はそれとは真逆で、純粋無垢なイメージ。

女性を **peach** にたとえると、「親切でやさしい」というニュアンスのほめ言葉になる。

少し古い感じはするが、こんな感じで使える。

> **I talked to your sister. She's such a peach.**
> あなたの妹さんとお話しました。すごくかわいい子ですね！

# Q02

# go

I asked her if she was married and she goes, "You're so rude!"　この goes はどんな意味？

①言った
②行った
③怒った

### 日本人が知ってる go

Let's go shopping tomorrow.
明日、ショッピングに行こうよ。

## ネイティブが使う別の go

**I asked her if she was married and she goes, "You're so rude!"**

**彼女に結婚してるかどうか聞いたら、「失礼ね！」ってさ。**

この go は「行く」という意味ではなく、said「言った」という意味。go（went ではない点に注意）を「言った」という意味で使うことでイキイキしたアクティブ感が出せるのだ。go を「言った」という意味で使うにはそれなりの状況がある。

「使わない例」

× *Tom saw me and he goes, "Hi."*

単なるあいさつには、アクティブ感を出す必要がないので、ここでは *goes* ではなく **said** にする。

## Q03

## bank

次のふたつの文章の両方に当てはまる単語はなに？

**I took my money to the ____.**
**私はお金を ___ に預けた。**

**You can ____ on it.**
**そのことは、当てにしていいよ。**

### 日本人の知ってる bank

I took my money to the bank.
私は銀行にお金を預けた。

### ネイティブが使う別の bank

**You can bank on it.**
**それ、当てにしていいよ。**

受験勉強のとき、bank（銀行）の同綴異義語として「土手、堤」という意味を覚えた人もいるのでは？　けれど **bank** は動詞として「預金する」という意味もあり、そこから **bank on** という形で「当てにする、頼る」という意味でも使われる。
**Don't bank on it.** は「それ、当てにするなよ」ということ。

# Q04

# good

He got into a good fight with his boss. の good はどんな意味？

①派手な　②後に引きずらない　③非暴力の

### 日本人が知ってる good

She's a good teacher.
彼女はいい先生だ。

**He got into a good fight with his boss.**
**彼はボスと派手なケンカをした。**

goodには「よい」以外にもさまざまな意味がある。たとえば「数・量」を表す場合は「たっぷりの、まるまるの、かなりの、相当な」などの意味になる。

**I worked there for a good ten years.** は「私はそこでまる10年働いた」という意味。

そして、

**He got into a good fight with his boss.** と言うと、「彼はボスと相当なケンカをした」つまり、「派手な、ひどいケンカ」という意味になるのだ。

「よいケンカをしたんだ、殴り合って仲良くなったのかな?」などと勘違いしないように。

# Q 05

## table

Let's table this project. の table はどんな意味?

①進める
②保留する
③中止する

The project is on the table.

企画書はテーブルの上にあるよ。

## ネイティブが使う別の table

**Let's table this project.**
**このプロジェクトは保留にしよう。**

**table** は動詞としても使える。「テーブルの上に置く」という「テーブル」と直接関係のある意味もあるが、それとは別に「議案などを棚上げにする」という意味もあるのだ。
**Let's table this project.** は
「このプロジェクトは保留にしよう」という意味。
職場でこう言われ、企画書をテーブルに置いてしまったりしたら恥ずかしい！
ただしイギリス英語では「議案などを提出する」という意味になる。

# Q06

# cross

Don't be so cross with him. の cross はどんな意味？

①甘い顔をする
②不機嫌な顔をする

## 日本人が知ってる cross

You can cross the river in a boat.
その川、ボートで渡れるよ。

**Don't be so cross with him. It's not his fault.**
**そんなに彼に当たるなよ。彼のせいじゃないんだから。**

cross は「be cross with 人」の形にすると「不機嫌な、イライラした」という意味になる。自分に向かって当り散らす人には、
**Don't be so cross with me**.（私に当たらないで！）と言いましょう。

# Q07

## dry

dry speech って、どんなスピーチ？

①ビジネスライクな
②理路整然とした
③退屈な

### 日本人が知ってる dry

I hate the dry weather in December.
12月の乾燥した天気は嫌い。

### ネイティブが使う別の dry

**I don't want to listen to another dry speech.**
**もう退屈なスピーチを聞くのはごめんだよ。**

**dry** は「退屈な」という意味でも使う。**boring** と同じ意味だ。
dry の方がちょっとだけスラングっぽいイメージ。
また **dry wine** は「辛口のワイン」のこと。

# Q08

## mean

My boss is mean to me. の mean はどんな意味？

①大きな恩がある
②寛大だ
③意地悪だ

### 日本人が知ってる mean

What does it mean?
それってどういう意味？

### ネイティブが使う別の mean

**My boss is mean to me.**
**ボスは私に意地悪だ。**

「私にとって意味がある」と受け取ると大変な勘違いになるので注意。
**mean** には大きく分けて、3つの意味がある。
①意味する（動詞）
②意地悪な（形容詞）

③手段、財力（名詞。これらの意味の場合、ふつう複数形
**means** にする）

③の意味の場合、こんな感じで使う。

**There's no means of getting there.**
**そこへたどり着く手段はない。**

**He's a man of means.**
**彼は大金持ちだ。**

混同を避けるため、この意味と使い方の区別をきちんと頭に入
れておこう。

## ちょっと変えるだけでボキャブラリーが広がる

### ① touching
**touch** は「触る」という意味で誰でも知っている。これを
**touching** という形容詞にすると、「感動的な、ホロリとさせる」
という意味に！

**Your speech was so touching.**
**君のスピーチ、すごく感動的だったよ。**

ところが同じ touch から派生した形容詞でも、**touchy** とい
う形にすると「短気な、怒りっぽい、面倒な」という意味にな
るのだ。

**Don't be so touchy!**
**そんな短気起こすなよ！**

## ② fishy

**fish** はもちろん「魚」のこと。けれどこれを **fishy** という形容詞にすると「魚臭い」という意味以外に、「いかがわしい、あやしい、うさん臭い」という意味に！

**She said she's sick today, but something's fishy.**
**彼女、今日は気分が悪いって言ったけど、なんかあやしいんだよね。**

## ③ nosy

**nose** は「鼻」。そしてこれを **nosy** という形容詞にすると、「詮索好きな」という意味に。

**My boss is so nosy. He always reads my e-mail.**
**うちのボスは詮索好きで、しょっちゅうぼくのメールを読んでるんだ。**

## ④ choosy

**choose** は「選ぶ」という意味。これを **choosy** という形容詞にすると「好みのうるさい」という意味に。

**My husband is really choosy about food.**
**うちの旦那、ほんっと、食べ物にうるさくて。**

# Q09

## strong

コーヒーをすすめられて、「ありがとう。濃いヤツをたのむよ」
と言いたいとき、____ に何を入れる？
Thanks. I like it ____.

### 日本人の知ってる strong

He's so strong.
彼はすごく強い。

### ネイティブが使う別の strong

Thanks. I like it strong.
ありがとう。濃いヤツをたのむよ。

コーヒーの他、お茶や紅茶などが「濃い」と言いたいときは
strong で表す。逆に「薄い」には weak を使う。

## 「濃い」にもいろいろ

スープなどが「濃い」という場合は、thick で表す。thick は「(本
などが) 厚い」という意味で覚えた人も多いと思うが、「濃度」
を表すときにも使うのだ。スープに使うと「とろみのある」と
いう意味に。また「霧が濃い」というときも thick で表す。
thick を「濃い」という意味で覚えた日本人が、コーヒーに
も応用して、I like it thick. というケースがある。これだと、「ド
ロリとしたコーヒーがいいなぁ」という意味になるので注意！
「薄いスープ」の場合、thin を使う。こちらは「(本などが)

184

薄い」という日本語とも一致する。ちなみにスープの場合、コンソメスープのように、「とろみ」はもともとないものだが、「だしがよく効いた」という意味の「濃い」を表す場合は stocky を使って、

**I like stocky soup.**（濃いスープが好き）と言う。

# Q 10

## shoot

会話をしていて「カチン」ときたらしいネイティブが
Shoot! と言った。これってどんな意味？

### 日本人の知ってる shoot

If you shoot a goal, I'll give you a 100 dollars.
もし君がシュートを決めたら、君に 100 ドル払うよ。

### ネイティブが使う別の shoot

**Shoot!**
**クソッ！**

**Shoot!** と聞くと、サッカーの「シュート」以外、あまり思い浮かべない人が多いかもしれないが、スポーツとはまったく関係ないシーンでも使われる。これはネイティブがよく使う shit の婉曲表現。**shit** はかなり下品な語であるため、忌み嫌う人も多いのだ。そのような「口にしてはいけない言葉」には、たいていの場合、「代替語」がある。 **shit** の場合、発音の似た **shoot** という語が代替語となったのだ。

# サッカーの世界を英語で！

熱戦を繰り広げたサッカーのワールドカップも終わりましたが、既に次のワールドカップを楽しみにしている人も多いと思います。次回はぜひ英語で楽しんでみませんか？
とりあえず用語から入ってみましょう。
カタカナの用語には、タッチライン、ペナルティエリア、コーナーキック、スルーパスなど、英語でもそのまま touch line、penalty area、corner kick、through pass などのように使えるものもありますが、和製英語もまじっています。

・ロスタイム → additional time, injury time など
・スパイク →（英）football boots（米）soccer shoes
・ウィニングラン → lap of honor
・PK → penalty kick, penalty shot
・PK戦 → penalty shoot-out（PSO）

また一般に漢字表記される用語は、こんな英語です。

・警告 booking（審判が yellow card を与える場合）、caution
・司令塔 control tower, playmaker
・壁 defensive wall（相手のフリーキックからゴールを守るために選手が並んで作る壁）
・延長戦 extra time　・得失点差 goal difference

＊「シュートを決める」という場合は shoot a goal で OK ですが、名詞にすると shot になる点に注意。

＊ soccer という語はアメリカ、カナダ、日本などが用いているだけで、他の国々ではふつう football という語をそれぞれの国の発音で使います。soccer は association football の soc に c を重ね、-er をつけて作った言葉。

# アメリカ人と That's not fair.

ground に似た語に field があります。

「野球場」は a baseball field あるいは a baseball ground と言います。field を使った方が若干プロ野球っぽく、ground の方を使うとちょっとアマチュアっぽい響きになります。

それはさておき、この field を使ったポピュラーなフレーズがあります。

**The playing field isn't flat.** これは

**That's not fair.**（それは不公平だ）と同じ意味。

この That's not fair. は アメリカで頻繁に耳にするフレーズです。

小学校では宿題を出された生徒が **That's not fair!** と叫んで抗議。もちろん生徒全員に同じ宿題を出しているわけなので、どう考えても fair なこと。実は子供たちもそのことはちゃんとわきまえているのです。彼らがこう叫ぶのは、大人たちが **fairness**（公正さ）という言葉に、過敏だと知っているから。

アメリカ社会は「公平さ」を大切にし、（少なくとも自分にとっての）「公平さ」を求める時、あらゆる論理を展開します。そしてそれを代表するシンプルかつ有効なフレーズが、

**That's not fair!**

自分に不利な条件をつきつけられたときなど、まずは **That's not fair!** と抗議し、その後もいろいろな言葉を

使い、なんとかして不利な条件を回避しようとがんばります。

A: We're going to have to cut your bonus.
　君のボーナスをカットしなければならなくなった。
B: What?! That's not fair!
　なんですって！？そんなのフェアじゃない！
A: It's based on your performance. Here are the figures.
　君の業績に基づいての事なんだ。ほら、ここに数字が。
B: I don't care about the figures. I've worked here longer than anyone!
　数字なんて関係ない。ぼくはここで他の誰より長く働いてきたんだ！

That's not fair! は、公園の砂場から既に聞こえはじめてきます。アメリカ人は物心ついた瞬間にこのフレーズが社会で生き抜くためのキーワードであることを学ぶのです。ただし、That's not fair! はちょっと子供っぽい表現なので、自分をスマートに見せたい大人はあまり使いません（もちろん上記の例のように切羽詰まった時には大人だろうと使いますが！）。そして代わりに使うのが、
**The playing field isn't flat.**（競技場が平らではない）というフレーズなのです。
一方、日本では「小よく大を制す」という言葉も示すように、ハンディを背負った者が、そうでない者に打ち勝つこ

とが一種の美徳とされています。相撲では、小さな力士と大きな力士の取り組みも当然のことであり、それを見て **That's not fair!** などと言うことはありません。

けれどもしアメリカ人が相撲協会の理事にでも就任しようものなら、柔道の国際ルールを確立した時のように、ただちに体重別に分けてしまうに違いありません！

# 青春新書
## INTELLIGENCE

こころ涌き立つ「知」の冒険

### いまを生きる

"青春新書"は昭和三一年に――若い日に常にあなたの心の友として、そ
の糧となり実になる多様な知恵が、生きる指標として勇気と力になり、す
ぐに役立つ――をモットーに創刊された。

そして昭和三八年、新しい時代の気運の中で、新書"プレイブックス"に
その役目のバトンを渡した。「人生を自由自在に活動する」のキャッチコ
ピーのもと――すべてのうっ積を吹きとばし、自由闊達な活動力を培養し、
勇気と自信を生み出す最も楽しいシリーズ――となった。

いまや、私たちはバブル経済崩壊後の混沌とした価値観のただ中にいる。
その価値観は常に未曾有の変貌を見せ、社会は少子高齢化し、地球規模の
環境問題等は解決の兆しを見せない。私たちはあらゆる不安と懐疑に対峙
している。

本シリーズ"青春新書インテリジェンス"はまさに、この時代の欲求によ
ってプレイブックスから分化・刊行された。それは即ち、「心の中に自ら
の青春の輝きを失わない旺盛な知力、活力への欲求」に他ならない。応え
るべきキャッチコピーは「こころ涌き立つ"知"の冒険」である。

予測のつかない時代にあって、一人ひとりの足元を照らし出すシリーズ
でありたいと願う。青春出版社は本年創業五〇周年を迎えた。これはひとえ
に長年に亘る多くの読者の熱いご支持の賜物である。社員一同深く感謝し、
より一層世の中に希望と勇気の明るい光を放つ書籍を出版すべく、鋭意志
すものである。

平成一七年

刊行者　小澤源太郎

著者紹介

**デイビッド・セイン**〈David Thayne〉

米国出身。証券会社勤務を経て来日し、翻訳・通訳、英会話学校経営など多岐にわたって活躍。数多くの英会話関係書籍を執筆。著書は『その英語、ネイティブにはこう聞こえます』(主婦の友社)など100点以上。現在、英語を中心テーマとして多岐にわたる企画を実現するAtoZを主宰。豊富なアイデアと行動力で書籍・雑誌の執筆までマルチに活躍中。大人気のAtoZ英語学校(東京・根津／春日)の校長も務める。

http://www.atozenglish.jp

**岡 悦子**〈おか えつこ〉

翻訳会社勤務を経て、現在フリーランスとして雑誌原稿、語学書等を執筆。セイン氏との共著書に『その英語、ネイティブはカチンときます』『日本人の知らないネイティブ英会話130のルール』『スラングな英語』、他に『生きた会話の英文法』などがある。

その英語、
ネイティブは笑ってます

**青春新書**
**INTELLIGENCE**

2010年8月15日　第1刷
2010年11月15日　第5刷

著　者　　　**デイビッド・セイン**
　　　　　　**岡　悦子**〈おか えつこ〉

発行者　　　**小澤源太郎**

責任編集　株式会社**プライム涌光**

電話　編集部　03(3203)2850

発行所　東京都新宿区　株式会社**青春出版社**
　　　　若松町12番1号
　　　　〒162-0056
電話　営業部　03(3207)1916　振替番号　00190-7-98602

印刷・図書印刷　　製本・ナショナル製本
ISBN978-4-413-04285-7
©David Thayne, Etsuko Oka 2010 Printed in Japan